나는 마흔에 생의 걸음마를 배웠다

나는 마흔에
생의 걸음마를
배웠다

신달자 에세이

민음사

|차례|

그 남자의 죽음

그다지 주목받지 못하는 인간에게도 생애 단 한 번은 완전한 주목을 받으며 주인공이 되는 순간이 있다. 그것은 죽음이다.

한 생애를 통해 오직 한 번밖에 허용하지 않는 절정이 있다면 그것 역시 죽음이다. 더는 다른 생각으로 흘러들지 못하게 모든 사람의 시선을 붙잡고 단 한 번의 눈 맞춤, 단 한마디의 대화를 안타까운 애원으로 빌어 보는 긴장의 순간. 그것도 죽음이다.

가족이란 때때로 위선의 관계 그 이상도 이하도 아닐 때가 있다. 그러나 생의 마지막 순간에는 가족이 그 죽음을 지킨다. 그래서 가족보다 더 가까운 관계는 없다. 죽는 자나 살아 있는 자나 하느님 앞에 서듯 한순간 진실해지는 것도, 가족으로

서의 든든한 관계를 다지는 것도 죽음 앞에서이다.

마지막이라고 생각하는 것은 일상적인 드라마 속에서도 슬프다. 그러나 절대로 더는 볼 수 없는 마지막 순간에 누구나 연습 없이 오열하고 뉘우치고 탄식하게 하는 죽음.

절정은 서서히 가족의 울음이 커지면서 시작된다. 주인공이 말문을 닫고 눈을 감고 두 손을 저으면서 입을 열듯 열듯 괴로운 몸놀림을 할 때 가족의 울음은 더 진하게 휘몰아친다.

그 깊은 오열이 가파르게 잦아지는가 싶을 때 주인공은 이미 온몸을 늘어뜨리고 있는 것이다. 주인공이 두 손을 늘어뜨리고 마지막 입을 여는가 하다가 힘겹게 닫고 드디어 고개를 한순간 툭 떨어뜨리며 '따르륵' 숨넘어가는 소리를 내는 순간 가족의 통곡이 온 집 안을 메운다.

절정은 그렇게 간단히 끝난다. 왜 생의 절정은 언제나 그렇게 짧은 것인가.

나의 남편도 그렇게 죽었다.

죽음에 관한 지금까지의 모든 상식은 허영이거나 사치였다. 죽음은 우리가 밥을 먹거나 차를 마시며 대화하는 그런 여유 있는 것이 아니다. 결코 죽음은 인간에게 너그러운 것이 아니다.

죽음은 도저히 정의 내릴 수 없는 것이다. 성직자들이나 학자들이 죽음에 대한 담론으로 긴긴 시간을 끌어가고 있다 해도 그것이 한 사람이 죽어 가는 일에 무슨 도움이 된단 말인가.

한 사람이 숨을 거두는 순간, 그의 가족을 바로 눈앞에 놓고 숨을 거둬야만 하는 그 절박한 시간에 죽음에 관한 담론이나 논의가 무슨 보탬이 된단 말인가.

다만 한 사람이 죽어 가고 있다. 스스로 선택한 것이 아닌 그 어떤 힘에 의해 한 사람에게 내려진 죽음. 그것을 순종하는 데는 죽는 사람이나 남은 가족이나 그 어떤 이해도 불가능하다.

사랑이라는 말을 참 많이 듣기도 하고 하기도 하며 살아왔다. 그런데 사랑이 뭔가. 도대체 사랑이 무슨 힘을 발휘할 수 있단 말인가. 죽음은 이미 동반을 거절하는 것이고 그 누구도 동행할 수 없는 완전히 홀로 떠남이라는 아주 단순한 명제다.

제아무리 사랑하는 가족이라 해도 동반을 거절하고 그 동반 거절에 동의해 버리는 이기적인, 참으로 이기적인 것이 죽음이다.

우리는 흔히 죽음을 일상에서 쉽게 끌고 다닌다. 좋아도 죽겠고 예뻐도 죽겠고 미워도 죽겠는, 죽음의 은유를 '많은 양'이라는 무게를 줄 때 사용하기를 좋아한다. 좋아할 뿐 아니라 그런 죽음의 표현에 무슨 짜릿함이나 긴장이 있는가. 너무 쉽게, 가볍게 우리는 죽음을 말해 왔다.

그런데 죽음을 보았는가. 죽음이 현실화되어 가는 한 인간의 모습을 보았는가. 그 사람이 내 아버지나 어머니 또는 남편

일 때 그것이 얼마나 엄청난 비극인가를, 그것이 얼마나 상상할 수 없는 통절한 순간인가를 알지 못할 것이다.

3분, 2분, 1분, 그리고 5초, 3초, 1초를 넘기면서 고개를 떨어뜨리고 마는 내 남편은 이미 그 순간 하나의 인간에서 하나의 물체로 변하고 말았다.

알고 있는가! 숨넘어가고 5분 만에 그는 사라졌다. 어디로 갔는지 묻지 않겠지. 그는 그렇게 어디론가 실려 갔다. 5분 전만 해도 고통에 신음하며 두 손을 내젓던, 그리고 내 손을 잡으며 놓아 버리기를 거부하던 그가, 하루 전만 해도 가족 하나하나의 손을 잡던 그가 아무런 저항 없이 냉동실에 들어간 것이다. 겨우 5분 만에 그가 한 덩이 동태처럼 고요히 냉동실에 누워 버린 것을 믿겠느냐.

생과 사는 그렇게 가깝고 먼 것이었다.

죽음은 그저 끝이고, 사라지는 것이고, 비어 있는 것이다. 없다는 것. 그 사실만이 그 현실을 설명해 준다. 죽음에는 찬사도 있을 수 없다. 죽음을 철학으로 말하지 마라. 죽음은 그저 허망, 죽음은 그저 배반 그 자체로 끝나는 것뿐이다.

우리는 모두 죽음의 초보자
죽음은 난데없이 뒷통수를 친다는 말은
사실이 아니다 우리는 모두 태어나기 전에 죽어 있었다.

파베세의 『삶이란 직업』을 떠올리기도 했지만 그 어떤 말에도 순종할 수가 없었다.

나는 그 순간 죽음에 대해 명언을 남긴 위인들을 저주했다. 그리고 더러는 그 명언을 인용하며 지식의 빈곤을 채우기라도 한듯이 만족해하는 나와 많은 사람들의 위증에 몸서리쳤다.

나는 남편의 죽음을 보면서 죽음을 보았고, 남편의 죽음을 보면서 우리가 살아온 생이라는 거대한 얼굴을 아주 조금씩 분명히 보기 시작했다.

더는 이어지지 않는다는 점에서, 이제 완전히 끝났다는 점에서 내 결혼 생활은 하나의 이야기가 된다.

그렇다. 진부하고 구질구질하고 유치한 그런 이야기지만, 묻고 다시 묻고 다시는 깨우고 싶지 않은 그런 이야기지만, 내 이야기이므로 나는 너에게 한번쯤 말하지 않으면 안 될 것이다.

너는 알 거야. 나는 아직도 내 인생의 어느 한 부분만 생각하면 섬뜩해서 손을 댈 수가 없다는 것을.

희수야, 너는 조용히 들어주기만 하면 된다.

죽음 연습

그는 이미 28년 전에 죽는 연습을 충분히 했다. 1977년 5월 11일 뇌졸중으로 쓰러져 2000년 10월 21일 마지막 잠에 들었으니 꼭 24년을 병에 시달리다 간 셈이다.

쓰러진 바로 그다음 날 혼수 속으로 떨어져 23일 만에 깨어난 사람이다. 23일을 그는 죽어 있었고 그래서 가족들도 23일간 그의 죽음을 연습해야 했다. 그가 눈을 뜨고 일어났을 때 병원에서도 크게 놀랐다. 도저히 살아날 수 없다고 판정을 받은 그가 눈을 뜨고 입을 움직이기 시작한 것이다.

주치의는 말했었다. 살아날 수도 없겠지만 살아나더라도 제대로 사람 구실은 할 수 없을 것이니 아주머니가 생활을 책임져야 할 것이라고 몇 번이나 다짐을 했던 사람이었다. 아마도 내게 정신적으로 준비를 하라는 뜻이었을 것이다. 어쨌건 그는 살아났다. 23일 동안의 길다면 긴 죽음을 뒤로하고 눈을 뜨고 가족들을 만난 것이다.

그리고 그는 다시 생명 연습에 들어갔다. 지루할 만큼 지루했다. 환자 생활 24년을 뒷바라지하면서 증오심도 억세게 끓어올랐고 억장 무너지는 순간순간을 맞으며 남편의 마지막 시간이 언제인지 하느님께 질문하려다가 입을 닫은 적이 어디 한두 번이겠니.

나는 아프지 않았지만 죽었고 그는 아팠지만 살아 있었다. 그것이 24년간의 우리 부부 생활이었다. 나는 24년 동안 많은 죄악을 저질렀다. 그 죄악의 동기는 남편이었고 그 죄악을 근절한 것도 남편이었다.

나는 그동안 소리 없는 총기를 구하고 다녔다. 그래, 물론 그의 심장을 쏠 수 있기를 기대하면서 말이야. 누가 발사했는지 찾을 수 없는 미궁의 범죄를 저지를 수 있는 총기를 나는 결국 구하지 못하고 말았다.

얼마나 그가 죽기를 기다렸겠니. 아, 그런데도 그가 숨이 멎는 그 순간에 나는 신통력을 갖고 싶었다.

아! 소리치며 시간을 멈추게 하고 싶었다. 그가 죽는 일에 죽어도 동의할 수 없다는 폭발적 외침이 저 밑바닥에서 절절 끓어올랐다.

나는 신에게 매달리고 싶었다. 아니, 매달렸다. 그의 죽음을 조금만 더 유보해 달라고……. 신이여! 제발 그를 아직은 내 옆에 두소서. 죽음은 이렇게 마음을 흔드는 그 무엇이 있다. 그래, 이것은 진실인가 아니면 위선인가?

그의 죽음은
너무 연습이 길었다
20년이 넘는 동안 날마다 나는
그와의 마지막 장면을
내 생의 클라이맥스로
눈물과 침묵과 분노를 잘 섞은
이별의 표정 하나를 연습해 왔다
20년의 연습은
나를 노련한 배우로 발전시켰고
언제 그의 죽음이 와도
당당히 침착하게 연기할 수 있었다
세월은 무심히 흘러갔다
무대는 낡고 커튼은 찢어지고 나는 늙었다
그런데 그 시간이 왔다
24년의 연습은 무효했다
그의 눈에 불덩이 같은 해가

지고 있는 것이 보였다
내 30년의 분노가 지고 있었다
나는 그 지는 해를 붙잡기 위해
목숨을 걸고
불 속으로 뛰어들었다
나보다 먼저 그의 눈이 닫히고 있었다.

이제야 나는 너에게 진실의 입을 연다

때때로 나는 내 결혼 생활에 대해 말할 수 없이 말하고 싶어서 간절히 목이 타올랐는지 모른다. 그러나 나는 용기가 없었고 한번 입을 열면 완전히 무너져 버릴 것 같은 자신 때문에 인내를 가지고 참아 왔는지 모른다.

물론 나 때문에 참았고 지금 나 때문에 말의 벽을 허문다.

너는 이제 늦은 대학원 졸업반 그리고 초등학생이 된 아이의 엄마이며 어렵게 시작해서 이제 조금은 허리가 펴지는 결혼 생활을 하며 부부가 같이 사는 것이 얼마나 어려운 일인가를 아는 나이가 되었다. 그리고 살아야 하는 이유가 얼마나 많은지, 살지 못하는 이유가 얼마나 많은지 아는 나이가 되었다. 생활 속에서 네가 느낀 인생이라는 것을 네 나이보다 몇 갑절 살아 버린 체험으로 소설을 쓰고 있는 너와 이야기를 하다가 문득 나는 이제야말로 네게 이야기를 해도 되겠다는, 아니 무슨 이야기라도 해야 된다는 결론을 내렸다.

우린 오래 만나 왔고 많은 감정을 나누며 소위 대화라는 것을 하면서 네가 나의 제자가 아니라 큰딸처럼 생각되기도 했다.

그러나 나는 긴장되고 떨린다. 그래, 나는 무슨 이야기부터 해야 할까.

내가 너에게 말할 수 있는 이유는 지금 너의 나이에 바로 나는 인생의 복병을 만났고 그 복병은 내 인생 전체를 흔들어 놓았으며 그로 인해 새로운 인생의 도전도 함께 이루었다는 나이에 대한 의존일지 모르겠다. 아닐 것이다. 나이뿐만이 아니라 늦은 대학원 진학과 문학으로 거듭나 보겠다는 열정이 너에게 말을 꺼낼 수 있는 이유가 될지도 모르겠다.

네가 소설을 쓴다는 것이 가장 큰 이유일 거야. 소설은 바로 사람의 이야기며 사람이 사는 사회에 가능과 불가능의 구석구석을 조명한다는 점에서, 그리고 한 개인이 스스로의 운명과 전투를 벌이는 것에 대해 너는 누구보다 다정히 들어줄 수 있는 사람인지 모른다.

너는 나이보다 어른스럽고 세상을 꿰뚫어 보는 혜안이 있어 여러 가지 인생사의 문제들을 잘 들을 줄 아는 지혜가 있거든. 그리고 너는 때로는 나보다 이성적이면서 때로는 나같이 바보처럼 보이는 여러 얼굴을 지닌 이야기꾼이라고 말할 수 있다.

그래서 너는 문학을 할 수 있어. 문학은 바로 인생에 대한 이해이므로…….

그러나 반드시 네가 소설가라는 이유 때문만은 아닐 것이다. 더 중요한 것은 바로 지금 내가 나에 대해 말하고 싶은 순간이 왔다는 것이다.

왜냐고? 그것은 바로 삶의 흐름에서 내가 느끼는 것이지.

사실 나는 그동안 너무나 많이 나에 대해 말하고 싶었다. 물론 단편적으로 너에게 말하기도 했어. 그러나 그 엄청난 내 생의 줄거리를 이야기한다는 것은 늘 생각부터 숨이 막혀 말문을 열 수가 없었던 거야.

나는 지금 해도 지지 않았는데 두어 잔의 술을 마셨다. 술 한 잔도 안 하면 어찌 그 이야기를 꺼내겠니.

그리고 나는 지금 말문을 연다. 자랑거리도, 아니 절대로 자랑일 수 없는 이야기를 한 젊은 소설가에게 내미는 것은 이런 식의 이야기가 하기 힘든 말을 쉽게 이끌어 갈 수 있을 것 같은 마음에서다.

자, 이제부터 내 이야기를 시작하자.

운명을 받아 안다

1977년 5월 11일 12시 30분. 그가 쓰러졌다.

점심으로 국수를 먹던 중이었다. 전날 기분 좋지 않는 일이 있었고 우리는 별 웃음 없이 국수를 먹고 있었다. 전날 학생들과 속초로 여행을 다녀오면서 미역을 사 오기도 했던 그날은 내 생일이기도 했다. 내 생일날 그가 쓰러졌다. 나는 그가 혈압이 조금 높다고 들었지만 혈압이 무엇인지도 모르고 있었다. 그가 쓰러졌다. 국수를 먹고 있던 그냥 평범한 시간, 그가 무엇인가 말하려다 젓가락을 놓치면서 옆으로 기울어진 것은 아주 순간이었다.

으윽…… 뭐 그런 소리였는지 무슨 소리가 분명 들렸는데 그는 옆으로 기울어지고 있었다. 그때였다. 나는 소리를 지르며 그것이 무엇인지도 모르고 그 찰나를 받아 안았다. 그래 그것은 찰나였다. 아마도 본능이었을까. 옆으로 기우는 그 순간 그의 머리를 받아 안은 것은 본능적 행동이었을지 모른다. 그러나 나는 그 순간 운명을 안아 버린 것이다. 내가 운명을 받아 안았으므로 그의 머리가 땅에 떨어지지는 않았던 것이다.

그때 내 머리를 스쳐 가는 것이 있었다. 이럴 때 머리 뒤를 찔러 피를 내어 주면 양호하다고……. 나는 소리를 질렀다. 어머니, 바늘 바늘 바늘을 좀……. 그리고 곧 어머니는 내게 바늘을 쥐어 주었다. 바늘을 쥐어 주는 어머니 손도 벌벌벌 떨고 있었다. 나는 지금도 그 무당 손처럼 떨던 어머니의 손을 잊지 못한다.

다행이었다. 머리가 땅에 떨어지지는 않았던 것은 우리에게 어떤 희망이 있는 것이라고, 어쩌면 별일 아니야, 잠시 어지러웠을 뿐이야, 뭐 그렇게 말하며 일어설 수 있으리라 믿었던 것이다.

그래, 아무리 그렇다고 해도 바늘을 쥐고 그의 목덜미를 내가 찌를 수가 없는 것이었다. 내 오른손은, 내 몸은 덜덜덜 떨리기만 했다. 도저히 찌를 수가 없었다. 이를 악물고 목을 찔렀지만 자국만 났지 피를 흘리게 하지는 못했던 것이다. 너도 생각해 봐. 그 와중에 바늘로 그의 목을 찌를 수 있겠니.

우리는 포기하고 택시를 탔다. 그를 끌고 택시를 태우려 할 때 그는 토악질을 했다. 이미 출혈이 되었다는 암시다. 그런데도 우리는 그것도 몰랐다. 어떻게 알 수 있겠니. 쓰러진 사람을 택시에 태운 것도 무식한 행동이었다. 그대로 눕혀 놓아야 하는 것이 정도다.

어쩌면 내 무식한 행동이 그의 병을 깊게 했는지 모른다고 그것은 늘 내 안에 가책으로 남아 있다.

보통 뇌출혈이라 불리는 지주막하출혈 진단과 함께 나는 서대문 적십자 병원에서 환자를 집으로 데리고 가라는 명령을 받았다. 가망이 없다는 것이다. 앞으로 몇 시간이나 생명을 유지할 수 있을지 모른다는 게 병원 측의 주장이었다.

"집에서 죽게 하는 게 좋아요." 누군가 그런 말도 했다.

그렇지만…… 그렇다고 어찌 곧 죽는다는 사람을 집으로 데리고 갈 수가 있겠는가. 병원에서 할 수 있는 대로의 소위 치료라는 것이 있어야 하고 더는 할 수 없다는 최선의 방책이 있고 나서야 포기를 할 수 있지 않겠는가.

나는 발을 동동 구를 뿐 어떤 선택도 할 수 없는 채 누가 의사인지도 모르면서 흰 가운을 입은 사람마다 붙들고 애원을 했다.

"제발 환자를 더 봐 주세요. 오늘 하룻밤만이라도 이 병원에 있게 해 주세요."

"지금 바로 나가도록 해요."

내가 간곡하게 흰 가운을 붙잡고 애원을 했더니 그 흰 가운이 말했다.

"그럼 조금만 기다려요, 척추에서 물을 빼 보게요."

어찌 알겠는가. 척추에서 물을 뺀다는 것이 무엇인지 내가 어떻게 알겠니. 나는 마치 그것이 치료라도 되는 양 다급하게 기다렸고 그 흰 가운은 척추에 주사기를 꽂았다. 그리고 몇 분 후 그 흰 가운은 큰 주사기 하나를 들고 와 그와 내 앞에서 말했다.

"이봐요. 척추에서 나온 물이 붉은 것 보면 출혈을 했다니까요."

미친놈! 그런 말을 환자 앞에서 하다니. 나는 온몸을 떨었다. 빌어먹을 놈! 하고 나는 욕을 해 댔다. 그런 경우 척추에서 물을 빼어서는 안 된다는 사실을 나중에서야 알았지만 이미 늦었던 것이다.

나의 무식한 행동은 그때부터였을 거야. 아니다. 쓰러진 그를 억지로 끌어 업고 택시를 탔던 것부터였는지도 모른다.

더 이상 대화가 되지 않았다. 그때 조금이나마 의식이 있던 남편이 가는 소리로 말했다.

"나 집으로 데리고 가. 너라도 애들하고 살아야 되잖아."

나는 그때 그 자리에서 주저앉았다. 남편은 이미 포기를 하고 있었던 것이다. 자기를 위한 병원비를 하루치라도 절약하

라는 배려이고, 앞으로 살아야 하는 나에 대한 염려가 담겨
있는 말이었다.

갑자기 그의 인생이 불쌍했다. 정열적으로 일할 수 있는 나
이에 쓰러져 제대로 자기 뜻을 펴지도 못하고 낙오자가 되는
그 인생이 너무나 억울하게 느껴졌다. 어떻게 그 사람을 그렇
게 급하게 보낼 수 있었겠니.

나는 그 순간 입술을 물었다. 이 사람을 살리자. 이 사람을
살리자. 내가 이 사람을 놓지 않으면 절대로 갈 수 없을 것이다.
나는 반드시 이 사람을 살리겠다. 이 사람을 살리고 말겠다.

어디서 그런 힘이 났을까. 나는 온몸에 불같은 의지를 품고
그를 위한 최선의 선택을 하기로 굳게 마음을 먹었다.

그가 살아나지 않으면 다 같이 죽기로 나는 마음을 다졌다.
어떻게 그렇게 하지 않겠니. 그때 막내 아이가 세 살이었고 나
는 서른다섯 살이었다. 거기다 일흔여덟 살의 시어머님을 모시
고 있는 실정이었다.

서른다섯. 그것은 한창인 나이였고 아직도 자신을 위해 눈
을 치켜뜰 수 있는 그런 당당한 나이였다.

그리고 결혼 생활 9년. 나는 사회라는 것을 아득히 먼 강
건너의 배경으로 두었을 뿐 콩나물 값을 깎는 진부한 아줌마
로서 하루하루를 살아가고 있었다.

아니, 바보 멍청이로 어떤 의식이나 비판도 없이 자기 학대

를 하며 가능한 빨리 생명이 닳아 없어지기를 바라는 심정으로 살고 있었다.

사실은 그런 정신적 불행감을 따진다면 어떤 상황이 와도 무서울 것이 없을 수도 있다. 그러나 세 살짜리 아이에게 아버지가 없어지고 여든을 바라보는 어머니가 아들을 잃고 서른 다섯의 여자가 미망인이 된다는 것은 두려운 일이었다. 나는 자존심이 상했다. 누군가 말하고 있을 것 같았다. 너는 망했다. 너는 끝장이다. 그래 너는 완전히 실패했다. 그리고 놀랐다. 내게 자존심이 남아 있었단 말인가. 그렇게 거친 돌길을 걸어오면서도 자존심이 남아 꿈틀거린다는 것이 눈물겨웠다.

그러나 나는 그를 살려야 했다. 우선 학교 후배 교수를 불러 의논을 했다. 오 교수는 젊고 나보다 판단이 예리할 것이라고 생각했다.

그러나 그것도 실망스러웠다. 집으로 가거나 다른 병원으로 옮기는 과정에서 죽을 수도 있으니 이 문제만은 내가 마지막 결정을 해야 된다는 것이었다.

나는 외로웠다. 뭐든 남편이 결정하며 살아온 생활 관습을 후회해 보았자 소용없었다. 나는 내 눈의 촉수를 있는 대로 높여서 하늘을 보고 그리고 선택을 했다.

"고려대 병원으로……."

"가다가 죽더라도 집으로 데리고 갈 수는 없잖아요?"

나는 오 교수에게 말하며 처음으로 눈물을 흘렸다.

고려대 병원으로 옮겨져 처리 면에서는 일이 잘 진행되었다. 남편의 스승이 총장님이셨고 그분이 곧바로 남편 학교의 총장으로 부임을 하여 두 학교에서 하늘 같은 덕을 보았다. 그런 것을 불행 중 다행이라고 해야 할 것이다. 나의 선택은 옳았던 것이다.

그러나 환자는 1초도 마음 놓을 수 없는 위기로 몰아가기 시작했다. 정신을 차릴 수가 없었다. 그는 바로 의식불명이 되었고 얼음 요법으로 들어갔다. 기억으로는 얼음이 가득 든 욕조 같은 곳에 환자를 눕혔던 것 같다. 생선 위에 얼음을 재우듯 그렇게 그는 얼음 위에 누워 있었다. 얼마나 놀랐는지 너는 아마 상상도 할 수 없을 것이다.

뇌압이 500이 넘는다고 들었다. 잘 모르는 소리였지만 보통 사람은 뇌압이 500쯤 되면 죽는다는 거야. 그 이후 그의 음성을 들을 수는 없었다. 23일 동안 혼수상태라는 이름으로 그는 돌덩이처럼 중환자실에 누워 있었다. 혼수도, 중환자실도 모두 나는 처음 듣는 말이었다. 나는 모든 것이 서툴고 처음 보고 듣는 일이어서 어떤 일에도 가슴이 쿵 하고 떨어지고 몇천 번 그렇게 내 가슴은 바닥으로 쿵쿵 소리를 내며 떨어져 내렸다. 아마도 천만 번은 떨어져 내렸을 거야.

그래, 정말 바보같이…… 나는 뭐가 뭔지 아무것도 모르면서 주치의가 부르면 덜덜 떨면서 엉거주춤 서 있곤 했다. 넋이 나가고 없었지.

첫날에는 다음 날 일어나겠지 하고 생각했다. 그래, 나는 그랬어. 남편이 잠에서 깨어나듯 가볍게 일어나면서 당신 놀랐지? 뭐 그렇게 말할 것 같았다.

다음 날도 그는 솜뭉치처럼 누워 있었다. 그래, 다음 날 일어나나 보다. 그러나 그다음 날도 그는 죽어 있었다. 그것을 사람들은 '혼수'라고 불렀다. 혼수가 다 뭐야. 나는 답답하고 미칠 것 같았다.

그렇게 답답하고 미칠 것 같은 시간이 계속 흘렀다. 밤도 낮도 나에겐 없었다.

"아무것도 기대하지 마십시오. 깨어나도 세 살짜리 지능밖에 되지 않을 수 있어요. 아주머니가 생활을 책임져야 할 겁니다."

담당 의사가 나를 위로하면서 한 말들이었다.

나보다 더 답답한 사람이 어디에 있었겠니. 그러나 사람들은 나보다 더 참지 못했다.

"이제 끝내 버려. 자꾸 돈만 없애면 뭐 해. 집으로 가."

"애들을 생각해야지. 불가능한 것을 잡고 있으면 어쩌자는 거야."

시댁 어른들도 그렇게 나에게 충고했다.

그때만 해도 산소호흡기 사용료가 아주 비쌌고 사나흘에 한 달 월급이 지출되었다.

그러나…… 그러나 나는 나에게 말했다. 그렇다고 돈을 아끼자고, 빚을 지지 않겠다고, 나 혼자 아이들과 조금이라도 편하게 살아 보자고, 아직 1퍼센트라도 가능성이 있는 생명을 포기할 수 있겠는가.

내 아이들의 아버지고 내 남편이며 그는 세상에 억울한 것이 많은 사람이지 않는가. 그는 총명한 사람이었고 사회에 효용 가치가 있는 남자였다. 그런데도 그는 너무 꿈을 이루지 못했다. 사람들이 알아주는 것보다 그는 훨씬 논리적이며 정당한 이론을 가지고 있는 남자였던 것이다. 그는 아직 할 일이 있어. 그를 죽이는 것은 엄청나게 불행한 일이었다. 그는 나를 걱정하고 우리 아이들을 걱정하고 스스로 생명을 포기한 사람이 아닌가. 그 불쌍한 생명을 가족을 위해 스스로 포기한 사람이 아닌가.

나는 누구의 말도 듣지 않기로 다시 마음을 다졌다. 그리고 더 많이 돈을 써 보기로 했다.

병원에는 비밀이었지만 친구의 도움으로 사람을 중국으로 보내 중국에 30년을 살았고 약에 능통한 사람에게 약을 구해 오기도 했다. 하루 두 번 주어지는 면회 시간을 이용해 그 약을 코에 연결한 고무호스에 주사기로 넣는 위험한 모험을 한 것이다. 사실 아주 위험한 일이었어. 내 손으로 고무호스에 주삿바늘을 찌르는 순간순간 나는 몸이 바짝 타는 느낌이었고 혀에서 살 타는 냄새가 났다. 내 인생도 그렇게 노린내를 풍기며 타고 있었을 것이 분명했다.

나는 뭐든 했다. 경제적 불안 따위는 일찌감치 버렸다. 그를 살려 낼 수만 있다면 내 생을 노예로 팔아도 된다고 생각했다.

그것만이겠는가. 나는 고백할 수 없는 많은 방법을 동원했고 그를 살려 내는 데 몸과 의지와 내가 가진 모든 것을 바쳤다.

그리고 23일째 나는 호명을 받았다.

"심현성 보호자."

중환자실에서는 호명되면 죽는 게 보통이다. 나는 가슴이 덜컥 내려앉았다. 그러나 환자가 눈을 떴다는 것이다. 죽은 것이 아니다. 아, 그가 살아나는 모양이다. 그가 살아났다는 거야.

나는 그때 뛰었을까 굴렀을까 날았을까. 도무지 어떤 방법으로 환자에게 갔는지 생각할 여지 없이 그의 옆에 가 있었다. 그러나 그는 눈은 떴지만 온몸을 움직일 수 없는 거의 식물인간이 되어 있었다.

그러나 그때도 그랬다. 난 얼마나 낙천적인지. 아니야, 내가 얼마나 무식했는지 그것은 상상할 수가 없는 일이었다. 나는 아, 이러다가 하루 자고 나면 툴툴 털고 일어나나 보다 그랬지.

그렇게 일어날 것으로 나는 믿었다.

그런데 남들이 다 수군거리는 거야. 내가 다가가면 말을 그치고 나를 피하고 혀를 끌끌 차고 그러는 거야. 어휴, 저 젊은 나이에……. 어떤 할머니는 내 손을 잡고 울기도 했다.

"어휴, 이 젊은 여자를 어떻게……."

이상한 일이었지. 사람들이 흘깃거리며 나를 보고 수군대는 것을 자주 보았다. 그러나 나는 알고 말았다. 그 남자가 사람같이 되기는 아예 글렀다는 것을……. 그러나 나는 결코 포기하지 않았다. 그렇다. 이제부터가 큰일이다. 그러나 그때도 나에게 엄청난 고난의 길이 남아 있다는 것을 몰랐다. 나는 참으로 너무나 모르는 것이 많았던 것이다.

그가 눈을 뜨고 정확하게 3년이 지나면서 나는 그가 살아났다는 것에 대해 후회하기 시작했다. 그때 진작 죽었어야 했는데 저걸 살려 냈다니…….

미안하다. 정말 미안해. 이렇게 말을 해서. 그러나 나는 너무 무지했으므로 희망을 포기하지 않았던 거야. 그런데 그 희망의 해를 품는다는 것은 내 가슴이 먼저 활활 타고 내 몸이 갈기갈기 찢어지고 내 인생이 넝마처럼 펄럭인다는 것을 몰랐던 거야.

그가 없는 것이 내 생명과 자존심을 보호하는 데 훨씬 좋았을 것이기 때문이었다. 그럼, 그렇고말고. 나의 판단은 완전히 오판이었다.

　그래, 미안하다. 그러나 나는 그렇게 말할 수밖에 없구나.
이런 말을 이렇게 쉽게 할 수 있는 나를 네가 어떻게 짐작이나
할 수 있겠니.

　그가 가려 한다
　이미 몸져누워
　말과 생각이 먼저 가 버렸다
　나는 그의 깊은 잠 속을
　도무지 들여다볼 수가 없다.
　가까운 사이였는데
　그가 무엇을 바라는지 나는 모른다
　그와 동행할 수 있는 것은
　과연 죽음뿐인가
　너무 빨리 우리는
　죽음에 관해 말을 하고 있다
　적어도 당신은
　세 살짜리 딸이
　아빠를 부르고 있다는 것을
　잊어서는 안 된다
　눈만 떠서는 안 된다

몸도 깨어나고
생각도 깨어나고
당신 인생도 일어나야 한다
그리고 반드시 내 생도 펄펄 살아 일으켜야 한다
그렇지 않고서
내가 어찌 당신을 용서할 수 있겠는가.

결혼은 왜 하는 거니?

　생각하면 인간은 참 어리석다. 나는 아직도 결혼이야말로 인생 최대의 성공이었다는 사람을 만난 적이 없다. 그런데 어제도 결혼을 하고 오늘도 하고 내일도 하며 결혼의 주인공들은 모두 미래의 꿈에 부풀어 있을 것이다.

　희수야! 너도 그랬니? 결혼은 반드시 해야 한다고 생각했니? 그리고 결혼이 없다면 삶도 없다고 생각했니?

　너무 어려서 했어요. 뭐가 뭔지도 모르고 둘이 좋아서 결혼을 하는 것이라고 생각했을 뿐이에요.

　언젠가 그런 말을 들은 것이 생각난다. 그래, 그런지도 모른다. 결혼은 그렇게 아무것도 모르고 하는 것인지도 모른다. 너 말고도 많은 사람들이 그것이 뭔지 모르고 하고 나중에 알고 나서는 으악 하는 것이 결혼인지도 모르지.

그래서 사람들은 자신의 결혼에 대해 말하려 하지 않는다. 그것은 너무 무겁고 은밀한 생의 깊은 비밀이고 상처이므로 자신의 결혼 생활에 대해 말하려 하지 않는 것이다.

그러나 누군가가 말을 꺼내면 모두 그래그래 하면서 정말 하지 못할 말들은 꼭꼭 숨긴 채 말해도 될 것들만 하는 것이지. 아니, 말해도 될 것들을 하기보다 남들과 비슷한 것들만 골라서 말하게 되는 것이지. 적어도 결혼에 대해 누구에게도 말할 수 없는 망측한 것들은 말 못 해 가슴 막혀 죽거나 아니면 피를 토하며 겨우 말하는 것들은 빅뉴스로 사람들의 입에 오르내리며 거리에 밟힐 정도로 굴러다니는 것인지 모른다.

정말 결혼은 왜들 그렇게 비슷한지. 싸우고 어르고 달래고 삐치고 미워하고 안쓰러워하고 꼴도 보기 싫다가도 불쌍해지는 그것이 왜들 그렇게 비슷한지.

그러면서도 확실한 건 결혼에 대해 부정적인 결과론을 펴고 또한 거의 후회하고 있는 사람들이 훨씬 더 많다는 것이다.

그런대로 최선의 선택이고 다른 선택이 없다는 사람도 있다. 그러나 그 결혼이 자신을 위해 행복한 일이냐는 질문에는 모두 침묵을 지킨다.

결혼은 해도 안 해도 후회한다는 이야기가 있지만 사람들은 그래도 하고 후회하는 편이 조금 나은 일이라고 말한다.

그래, 그것은 나도 마찬가지야. 왜 다수의 힘이라는 것이 있지. 결혼이 어떤 고귀한 생의 제도라는 것을 떠나서 3퍼센트가 안 하고 7퍼센트가 하는 것이라면 다수의 힘을 따르게 되는 것이 아니겠니?

그리고 그것은 자연스러운 관습이었다. 요즘엔 독신이 하나의 소중한 선택이 되어 버렸지만 우리는 달랐다. 그것은 해야 하는 것이고 만약 하지 않으면 집안의 불명예요, 개인의 엄청난 수치이기도 했단 말이야.

그러나 희수야. 나는 그런 불명예와 수치를 어쩌면 결혼을 하면서 뒤집어썼는지도 모른다.

나는 결혼을 하면서 기가 죽었고 결혼을 하면서 엄청난 피해를 입은 사람이지. 그게 뭐야. 왜 그런 일이 있어! 그것은 한마디로 보잘것없는 맹목적 감상주의에 휩쓸려 내가 누군가를 구원해 주어야 한다는 값싼 보호 의식이 만들어 낸 건방진 작품이었지.

그러나 나는 안다. 나는 불바다의 결혼 생활을 지나온 사람이지만 결혼은 후회하는 것이 아니라 긍정적으로 화해하는 것이라고 생각하는 데는 변함이 없어.

결혼은 소중한 집이며, 그곳에서 생명이 태어나고 그 생명에는 바로 내 피가 흐르고 있기 때문이야. 이런 혈육의 흐름을 감정적으로 처리하는 것에 난 아직도 반대야.

너무 지나친 고전주의라고 네가 반박할지 모르지만, 그렇게 매운 결혼이라는 고추를 씹어 먹고도 그런 소리를 하느냐고 대들겠지만 난 아무래도 이 속 터지는 고전주의를 버릴 수가 없다.

희수야, 다시 말하지만 인생이란 너무 눈부시게 살 필요는 없다. 오히려 눈에 잘 뜨이지 않지만 내용이 들어 있는 삶을 살아가면 되는 것이다. 그것은 결단코 남과의 비교에서 오는 것이 아니라 자신이 느끼고 자신이 만들어 가는 것이야. 그렇게 스스로를 만들며 살아가고 어딘가 빛을 만들며 사는 일, 그것이 아름다운 삶이라고 할 수 있지.

그런데 많은 사람들이 로또 복권처럼 순간적이고 충동적이고 화끈한 삶을 동경하므로 주변에 정말이지 빛을 만들고 사는 사람들의 빛이 잘 보이지 않아서 안타까울 때가 많지.

튀고 번뜩이고 남들의 시선을 끌며 빛나는 총천연색 인생은 좋은 삶이 아니다. 희수야, 분명코 다시 말하지만 아주 평범하고 상식적인 삶이 가장 성공하는 삶이라는 것 잊지 마!

결혼은 그냥 옆에 있는 것이야. '우리'라는 말을 같이 사용하는 사람, 그 정도로만 생각하면 어떨까. 옆에 있는 사람이 목마르면 물 한 잔을 가져다주고 몸이 아프면 같이 병원에 가주는 그런 정도로……. 사랑이라는 단어보다 그냥 필요한 존재로 그저 그렇게 말이야.

서울에는 청파동이 있다

희수야, 주소라는 것이 있지. ○○시 ○○군 ○○동 ○○면 ○○리 ○○번지라고 하는 주소.

한 개인의 삶에는 잊지 못할 주소가 있는 법이다. 많은 사람들은 아마도 자신이 태어난 주소, 고향이라고 부르는 성장기의 주소를 잊지 못할 것이다.

나도 고향이 있고 우리 집안의 모든 내력이 숨어 웃고 흐느끼는 주소가 있다.

경남 거창읍 동동 780번지. 나는 죽을 때까지 이 주소를 잊지 못할 것이다. 태어난 곳은 아니지만 내 어린 유아기와 사춘기의 냄새가 물씬 코를 찌르는 곳, 한 여자의 출발인 초경을 시작했고 '사랑'이라는 말을 처음 발음한 곳, 아버지의 고독을,

어머니의 외로움을, 아버지의 파경을, 어머니의 좌절을 보았던 곳, 귀족이라고 부를 만한 부잣집의 딸로 살기도 하고, 어느 날 빚쟁이에게 우리의 체온이 살아 있는 집이 넘어가는 엄청난 충격을 받은 곳, 가족의 끈끈한 정 그리고 인간에 관한 모든 것을 보고 울었던 곳. 그곳은 내 인생 최초의 잊지 못할 주소이다. 그 주소를 어떻게 내가 잊겠니.

그리고 두 번째로 내 인생에 잊지 못할 주소가 있다. 그것은 서울의 청파동이다. 아, 이름만 들어도 가슴이 옥죄어 오는 이름 청파동…….

나는 고향 거창에서 부산을 거쳐 서울에 왔다. 그것이 내 인생의 지도이다. 나는 서울에 오면서 바로 청파동에 살기 시작했다. 물론 공덕동 같은 달동네도 생각나지만 내 삶의 기억에 찍힌 가장 뚜렷한 주소는 청파동이다.

그곳에 내가 다닌 숙명여자대학교가 있었다. 청파동 하면 나는 아직 머리에 신열이 나고 몸에 소름이 돋으며 아찔하게 춥다. 마른기침이 난다. 대학 4년, 조교 3년, 강사 10년, 나는 그곳에 그렇게 있었다. 그리고 내 남편도 그곳에 30년 가까이 있었다. 나는 그 남자를 청파동에서 만났다. 때문에 청파동은 내게 생의 꽃밭이면서 생의 난장판이다.

아아, 청파동! 나는 그곳에서 한 여자의 꿈을 심었고 그 꿈의 나무를 길렀다. 그 나무는 다른 나무보다 잘 자랐고 많은 나무들 속에서 꽤 돋보이기도 했다. 희망이라는 열매를 맺어 기대를 부풀렸다 걸리는 일 없이 잘 풀려 나갔다. 그런데 열매를 맺을 무렵 기상 악화로 폭풍을 만났고 그 나무는 쓰러졌다.

말은 참으로 간단하다. 그러나 희수 너는 알 것이다. 이 말은 내가 수만 권 책의 내용을 최대로 줄여 간단히 요약한 것임을.

나는 지금도 청파동에 가면 눈이 붉어진다. 벌겋게 해가 떠오르고 해가 진다. 눈물 난다. 피가 끓는다. 나는 지금도 청파동에 가면 가슴이 무너진다. 피가 식는다. 청파동을 끌어안고 볼을 부비고 싶다가도 나는 불현듯 청파동을 향해 총을 쏘고 싶다.

청파동은 내게 모든 것이었다. 꿈이며 희망이며 실패며 좌절이었고, 욕망이며 욕정이며 질투며 죽음이었고, 자살 미수의 현주소였고 모든 인생이 빈털터리가 된 거렁뱅이였고 내쫓겼고 발길로 채였고 그리고 가끔은 성공한 한 여자로서 청파동에 서기도 했다.

나는 어느 쪽이었는지 모른다. 양지였는지 그늘이었는지 낮은 곳이었는지 높은 곳이었는지 가릴 수 없지만 내가 알기로는 억울한 쪽이 더 많다. 사람들은 다 팔이 안으로 굽는다. 나도 그럴 것이다. 결코 내 잘못을 인정하기 어려울지 모른다. 그러나 나는 턱없이 정직해서 이익과 멀어지는 경우가 많았다. 그러나 너도 잘 알지만 내 인생의 세금을 내가 가진 모든 것으로 몽땅 고스란히 바친 사람이다. 다시 말하지만 나는 빚이 없다. 나는 감히 말한다. 내가 겪은 불행만 한 세금이 이 세상에 어디 다시 있을 수 있겠니. 더 이상 내가 어떻게 으깨어질 수 있겠니. 그런 뜨거운 오기로 청파동을 바라볼 때도 있다. 그러나 청파동은 내게 늙지 않았다. 열아홉 그대로 스무 살 그대로 스물다섯 그대로 내 각혈의 피가 솟고 있다. 어찌 내가 청파동을 잊을 수 있겠니?

공덕동의 골목길, 청파동의 좁은 골목길을 생각하면 지금도 목이 멘다. 아무것도 가진 것 없이 비어 있고 미래는 불투명하고 되는 것이라곤 없었던 스물다섯. 나는 그때 국문과 조교였다. 선생님들이 물었다

"신 조교 몇 살이야?"

"스물다섯입니다."

"참 좋은 나이다."

선생님들은 누구나 그렇게 말했다. 나이 따위는 왜 그렇게 물었는지……. 나는 그때 속으로 대답했다.

'그 나이 그렇게 좋으면 너나 가져라.'

나에겐 아무 쓸모가 없이 가슴만 타는 그 나이를 탐내던 선생님들 중엔 이미 세상을 하직한 사람이 많다. 그러나 나는

지금 그때 그 선생님들의 나이를 넘어섰지만 스물다섯 나이가 부럽지 않다. 나는 늘 빨리빨리 늙고 늙어서 죽는 일이 차라리 구원이었으니까. 세상에는 죽음이 더 안식이겠구나 하는 괴로운 시간들이 있는 법이지. 그러나 그런 시간도 다 흘러간다. 시간은 재촉할 필요가 없는 말 잘 듣는 아이같이 시키지 않아도 명령하지 않아도 제 속도로 잘 가는 것이다. 행복한 시간도 흘러간다. 이 세상엔 영원히 머무는 것은 없다. 살아 있는 것도 죽은 것도 모든 것이 다 사라져 가고 있는 것 아니냐. 그토록 잽싸게 지나가기를 열망하던 그 시절들은 무표정하게 다 지나가 버렸다.

내가 가장 좋아하는 말은 '이 또한 쉽게 지나가리니'다. 행복할 때는 오만을 잠재우기 위해서 이 말이 필요하고 불행할 때는 견디기 위해서 필요하다. 나는 단연코 행복해서 그 시간을 오만으로 채우지 않기 위해 쉽게 시간이 지나가는 것을 내 입으로 암송하는 날이 오기를 기다린다.

시간이 지나가고 남는 것은 무엇일까. 그것은 다시 시간밖에 없다는 것을 나는 안다. 다만 그 시간을 사용하는 사람만 다를 뿐이다.

청파동의 이마에는 아직도 열이 높다
죽 뻗은 열아홉의 두 다리 근육에는

철근처럼 무거운 욕망을 지고도 벌떡벌떡

걸어가는 힘이 솟고

두 팔을 들면 날 것같이 치솟는

철없는 이상이 날로 높아지던

아 청파동의 뒷골목에는 아직도

기대면 절절 끓는 담벼락이 있을까

청파동을 지나면 바로 공덕동 오르막

방 한 칸짜리 오두막에는

아직도 뭉클한 내 각혈의 피가 낭자하고

먹으면 죽는 사약 같은 사랑을

주저 없이 마셔 버리고

나는 꿈도 아닌 햇살 아래서

간절히 죽어 달라는

몇 그릇의 사약을 한꺼번에 받았다

마셔도 안 마셔도 죽는 길이라는 것을

알 것 같은 두려움으로

안 죽어도 죽고 죽어도 죽는

캄캄한 외길을 걸어가고 말았다

아아 청파동!

내 젊은 심장이 문드러진 그 청파동의 별은

그 시절에도 빛났지만

그 별마저 나와 눈 마주치면
빛을 거두었다.

나의 자주색 신혼여행 가방

　희수 너도 결혼이라는 걸 해 보았지. 결혼의 가장 꽃은 결혼식이 아니라 신혼여행이라는 그 황홀한 그 며칠간이 아닐까.

　사실 결혼식 주례사를 외우고 있는 신부 신랑을 만난 적이 없어. 대개는 뭐라더라…… 뭐라고 했는데…… 등 듣긴 했는데 기억이 안 나는 것이 주례사가 아닐까. 그것은 중요한 것이 아니니까 말이야. 주례사 때문에 결혼이 가져다주는 갖가지 혼란을 푸는 사람이 어디 있겠는가. 누가 주례사를 만들었는지, 의미도 필요도 없는 것이 주례사인지도 모른다. 다만 판에 박은 주례사가 아니라 인생의 선배로서 먼저 알았더라면 좋을 것을 당부하는 정도는 몰라도 돼먹지 않는 철학을 펴는 주례사를 보면 주례사의 뜻마저 모르는 사람이 아닌가 생각하기도 하지.

　나도 주례를 선 적이 있었어. 평택대학에서 가르친 한 반에서 연애를 하고 결혼까지 하게 되어 둘 다 제자라는 의미에서 나는 어쩔 수 없이 주례 부탁을 응하고 말았지. 마지막으로 비틀었어. 결혼은 둘만이 아니라 어른들의 동의가 반드시 필요하다고……. 그런데 부모님도 동의를 했다는 거야. 그렇게 나는 주례를 경험하게 되었어.

　큰일났더라. 주례사를 도무지 뭐라고 해야 할지 답답했거든. 주례하는 사람들 욕만 했는데 내가 그 자리에 서고 말았어. 생각도 안 나지만 떨리고 하고 싶은 말이 제대로 전달도 안 되었다는 느낌이 지금도 들어.

　진부한 이야기지만 사랑이란 쉽게 부식되는 빵이니 적절하게 소금이 필요하고 부식하지 않는 방법을 서로가 찾는 것이 결혼이라고 했던가. 소금은 결국 인내와 양보라고……. 지금 생각해도 웃기는 이야기지만 진지하게 그렇게 말했던 것 같아. 그러나 그 신랑 신부는 잊었을 거야. 지금 잘 살고 있다. 언제 그들의 아이가 보고 싶기도 하다. 주례를 해서인지 피가 당겨.

　어쨌건 결혼식보다는 신혼여행이 결혼의 가장 절정이라는 것이야.

　나도 신혼여행이라는 것을 갔다. 그런데 순전히 속임수의 여행이었다. 결혼식장에서 택시를 타고 서울역으로 우리는 떠나고 있었다. 어른들에게 부산으로 신혼여행을 간다고 말하고 서울역에 도착했는데 제법 큰 신혼여행 가방을 글쎄 희수야 나보고 들고 오라는 거야. 물론 내가 산 가방이었지. 그리고 가방 속에 남자 속옷까지 사 넣는 짜릿한 일을 혼자 했으므로 가방을 드는 일은 물론 남자의 몫이었다. 그런데 혼자 훌쩍 내리면서 가방을 날더러 가지고 내리라는 거야. 내가 물었지.

"왜요?"

"붉은 가방을 어떻게 남자가 들어!"

그는 당당했다. 결혼식이 끝나고 여행을 떠나기도 전에 서울역에서부터 나는 예감이 좋지 않았다. 저 남자와 사는 일이 보통 어렵지 않으리라는 것을.

붉은 가방은 남자가 못 든다니…… 남자 좋아하네……. 나는 기막힌 표정을 지었지만 그는 개의치 않았다. 할 수 없이 택시 정류소에서 서울역 표 사는 곳까지 가방을 내가 들고 갔다. 높은 하이힐과 불편한 정장에 나는 속이 끓어올라 결혼 취소를 서울역 광장에서 높이 외치고 싶었다. 내 입에서 터질 듯 나오는 말을 삼켰다. 나는 신부이지 않은가. 어찌 신혼여행 가방을 색이 붉다는 이유로 막 결혼식을 끝낸 신부에게 들릴 수가 있단 말인가. 나는 입 안에 꽉 찬 욕을 뱉지 못해 미칠 것 같았다.

그러나 그것만이라면 그를 용서할 수 있을 것이다. 표를 사 가지고 와서 그는 말했다. 그것도 당당했다.

"부산으로 가는 거 아니야."

"왜? 그럼 어디로 가요?"

"부산은 너무 비싸. 어른들에게는 부산이라고 말했지만 낭비할 것 없잖아."

"그래서 어디로 가요?"

"인천. 그곳은 싸니까."

자, 희수야, 여기에서 나는 할 말이 많아. 내가 신혼여행을 인천으로 간 것은 결혼하고 지금 처음 하는 말이야. 나는 이것을 누구에게도 말하지 못했다. 내 딸들에게도 내가 친하다고 말할 수 있는 친구에게도 나는 말할 수 없었다. 인천이 나빠서가 아니다. 그때는 우리 서로 사랑하고 있었고 연민도 있었으므로 가난한 집의 창고이면 어떻겠니? 그러나 인천이라고 말하는 그 남자가 나는 미웠다. 그는 적당히 빨리 싸게 시간을 보내고 집으로 돌아오고 싶었을 뿐이야. 그때부터 그 남자는 내 인생이 중요하지 않았다. 내 감정, 자신이 사랑했다고 생각한 여자의 아픔 따위는 그날부터 버렸던 거야. 내가 괘씸한 것은 바로 그것 때문이야.

그래서 우리는 인천으로 갔다. 기차가 인천에 도착할 때까지 우리는 아무 말이 없었다. 인천에 도착해서 그는 허름한 여관방으로 나를 데리고 갔다. 지금은 그곳이 어디쯤인지 알 수 없지만 그가 원하던 대로 싸게 보였다. 나는 갑자기 욕지기가 났다. 마치 임신한 여자처럼. 왠지 토사물을 그 여관방 안에 쏟아 내고 싶은 충동이 일어났던 것은 그 남자의 태도 때문이었다.

"좀 깨끗한 곳으로 가지."

"이 정도면 돼. 이제부터 허영은 버려!"

나는 사랑이라는 것에 발목이 잡혔지만 사실 허영이 많은 여자다. 나는 부잣집 딸이었고 적어도 감정적 호사를 누릴 때는 누려야 한다고 생각했다. 신혼여행에 거는 이 정도의 기대치를 사람들이여, 여자의 허영이라고 말하겠는가.

어른들에게는 3박 4일로 말했지만 우리는 두 밤을 보내고 돌아왔다. 어디에 있으나 마찬가지였다. 두 밤을 자면서 우리는 거의 침묵했고 우울했으며 얼굴이 모두 굳어 있었다. 나는 집으로 돌아가고 싶지도 않았다. 서울로 돌아오던 날 나는 그냥 인천 바다 속으로 들어가고 싶었다. 그 어디에도 내가 편히 쉴 자리가 이 땅에 없다는 사실을 나는 그때 이미 알고 있었다.

그리고 희수야. 인천에서 다시 서울에 올 때까지 그리고 집으로 돌아올 때까지 그 문제의 자주색 가방은 누가 들고 왔겠니? 물론 내가 들었다. 물론 그는 내가 들고 있다는 사실에 미안함이 없었다. 당당했다. 남자는 붉은 가방을 들면 탁 죽어 버리니까.

그리고 희수야, 그와 영원히 헤어지는 순간까지 그의 몸조차 내가 들고 다녔다. 그것이 내 운명이었다. 결혼하고 33년을 살면서 나는 늘 그의 짐을 드는 노예이거나 보호자였다. 그는 늘 당당하고 나는 늘 절절 매고…….

나는 전생에 그에게 무슨 그리도 큰 빚을 지고 살았던 것일까.

생이여! 무서운 생이여!

노량진 전화국을 따라 계속 가면 전화국 뒷길 쪽으로 광활한 논밭이 나왔다. 그 논밭의 논둑길을 따라가면 공군 병원이 있었다. 그 병원 바로 앞에 우리 집이 있었다. 아름다운 집이었다. 멀리서 보면 궁궐이 따로 없었다. 우리가 지은 집이기 때문이다.

아무것도 가진 것이 없었던 우리는 친척의 논을 200평 빌렸다. 나중에 돈으로 갚는다는 조건이었다. 남편은 머리가 잘 돌아가서 그 논을 집을 지을 수 있는 대지로 만드는 데 성공하고 거기에 집 두 채를 지었다. 한 건축가는 두 채의 집을 지어 우리가 하나 자기가 하나 이렇게 나누어 가진 셈이다.

우리는 그 집을 지을 때 늘 그곳에서 살았다. 방의 크기, 거실의 크기, 부엌 창을 어떻게 내면 좋을지 궁리하고 궁리가 많을수록 간섭 심하게 그 집이 지어졌다.

우리는 거기서 살았다. 돈은 없었지만 집을 짓는다는 것은 그 어떤 부(富)보다 희망을 갖게 하는 일이다.

돈은 물론 없었다. 땅값을 7년 후에나 갚았지만, 그래서 완전한 내 집을 갖는 데는 7년이란 세월이 걸렸지만 우리는 내내 희망에 부풀어 있었다. 우리의 집을 갖는다는 부푼 꿈 때문에 우리는 모진 하루의 피로도 잊고 집 안에서 집 밖으로 집 밖에서 집 안으로 수없이 오가며 집을 만들어 갔다.

너무 많은 희망 사항 때문에 집이 산 위에 지어진다고 건축가가 대단한 불평을 늘어놓기도 했다. 우리는 우리의 집에서 살게 된 것이다. 무엇보다 창을 크게 만들어 멀리 있는 산의 바람과 푸른 녹음과 가을 그리고 눈 오는 겨울의 산을 안방의 창으로 다 바라볼 수 있게 했다. 말하자면 집의 실용성보다 우리의 낭만과 꿈과 약간의 감상이 반영이 되었다. 건축가와 많이 다투었다.

남편은 아이들의 놀이터를 만들고 작은 연못을 만들고 분수까지 만들었다. 아름다운 집이었다. 불편한 것만 빼면 그 정도로 아름다운 집을 갖게 된 것은 행운이기도 했다. 정원에는 어린 나무들이 집을 지켰다. 어린 묘목부터 사 심은 것이다.

우리의 집은 그렇게 만들어졌고 우리는 우리의 꿈을 이룬

셈이었다.

나는 그때 행복했을까. 마지막으로 집을 정리하고 이사 날을 정하고 그 집의 창으로 산을 내다보며 커피를 타 마시던 그 순간에 나는 행복했을까.

그렇다. 그것이 행복이라는 것을 나는 그 시절 몰랐다. 나에게 주어진 행복이 바로 그 시절 집을 짓는 그 시간들이었다는 것을……

남편은 나무를 좋아했다. 나무 좋아하는 사람은 모두 선한 사람이라는 말이 맞는지 잘 모르겠다. 나무를 좋아하면 예술 감각도 문화 의식도 조금은 있으리라는 기대, 그것은 내 남편에게는 안 통한다. 영화를 보자고 하면 그 돈으로 묘목을 사 심으면 10년 후에 큰 나무가 된다고 영화 값도 허영으로 내몰았다.

그는 개도 좋아했지. 나무와 개를 좋아하는 사람, 얼른 들으면 멋있고 뭔가 예술이 느껴질 것 같은 그런 남자에게 나는 늘 가슴이 철렁 내려앉곤 했다. 나무와 개보다 사람을 잘 모르는 인간이라면 그것은 문제가 있다고 나는 생각했다.

우리 집은 조금씩 집 같아지고 사람들도 예쁜 집이라고 말해 주었다. 그러나 그 집에는 문제가 있었다. 3년 동안 전기가 들어오지 않아 촛불을 켜고 살았고, 물이 나오지 않아 20분을 걸어야 나오는 펌프 물을 길어다 먹었다. 촛불을 켜고 사는 그 낭만적인 생활에는 늘 어두운 그림자와 위태로운 불안이 있었다.

불과 물만 없는 게 아니라 없는 것이 있는 것보다 더 많았다. 더욱이 30분을 걸어가야 버스 타는 곳이 나오곤 했는데 불편하기 그지없었다. 나는 가끔 석양이 아름답거나 날이 흐려 비가 올 것 같은 느낌이 들면 30분을 걸어 버스 정류소로 나가곤 했다. 남편이 퇴근해 돌아오는 시간을 기다리는 것이지. 그가 혼자 돌아오는 길이 적적하다고 생각했어. 우리는 어쩌다 소주를 사서 가게의 나무 의자에 앉아 마시기도 하고 소주병을 들고 개구리가 우는 논가에 앉아 강소주를 마시기도 했다.

논길을 걸어오면서 무슨 이야기를 했는지 잘 기억나지 않지만 그 30분이 나쁘지 않았다. 단둘이 있다는 그 하나의 느낌이 30분을 자유롭게 했는지도 모르지. 행복했냐고? 행복한 순간도 있었을 거야. 그러나 늘 우리는 마음이 무겁고 서로 감정을 감시하는 긴장 상태에 있었다.

'너 후회하지?'

서로 묻고 싶었지만 누구도 말하지는 않았다. 가슴에 바위를 안고 다니던 시절이었다. 나는 위를 앓아 제대로 못 먹고 죽을 여자처럼 여위어 갔다. 우리는 서로 어긋나고 있었고 서로를 방치하면서 서로 뼛속까지 들여다보고 있었다.

나는 약을 넣는 라디오를 가지고 시간을 보냈다. 잘 들리지 않으면 주먹으로 쾅쾅 쳐야 하는 라디오를 안고 위로를 받곤 했다. 그 라디오만이 세상 저 밖의 모습들을 보여 주었다. 내가 너무 외진 곳에 외톨이로 살아간다는 것을 라디오로 듣는 세상 목소리는 말하고 있었다.

희수야, 지금 생각하면 우리는 두 사람 다 같은 존재들이었을 거야. 무서운 것은 이미 우리는 사랑해서 만나 서로를 증오하는 관계로 결혼 생활을 하고 있었는지 몰라. 나무와 개를 좋아하면서 아내를 모르고, 모차르트와 그림과 영화를 좋아하면서 남편을 모른다고 생각한 점은 둘이 같은지 모를 일이야.

지금 생각하면 나는 그 집이 지긋지긋해. 대방동 집을 생각하면 늘 지금도 내 몸이 축축히 젖어.

밤이면 옥상으로 올라가는 계단에 숨어 들어가서 늘 나는 하늘의 별을 보며 울었어. 얼마나 울었는지 대방동 7년 생활에 일생 울 것을 다 운 느낌이었으니까. 내가 그 집에서 가장 오래 머문 곳은 옥상이었어. 그곳은 인간이 보이지 않는 곳이었으니까.

그리고 희수야, 나는 하늘이 노랗게 변하는 것을 그곳에서 체험했어. 왜 그러지. 사람들이 너무 기막힌 경우에 하늘이 노랗다는 은유를 쓰지. 아니야, 정말 노랄 수 있다는 것을 나는 알아. 내가 보았으니까. 그 사람의 얼굴이 험악하게 변하면서 내게 냉정하게 비수로 가슴을 찌르는 그 시간 그 광경을 나는 지금도 잊을 수 없어. 결혼이란 정말 거지 같아. 어쩌면 그렇게 사람을 변하게 만들지. 나는 그 순간을 지금도 용서 못 해.

남편은 나와 결혼한 것으로 나에게 갚을 빚을 다 갚았다고 생각한 거야. 그리고 나머지 식구들에게 보다 더 잘하는 일만이 자신의 인생에 할 일이라고 생각한 것 같았어.

아, 생각난다. 그 옥상에서 눈물을 뚝뚝 흘리며 바라본 북두칠성, 그 빛나던 별들, 그리고 베어 먹고 싶었던 보름달……. 추억은 웬만하면 아름다운 것인데 나는 결코 그 집을 그리워하지 않는다. 그 집만 생각하면 지금도 발가락이 얼어 올 것 같아.

그러나 결코 나는 대방동 집을 미워할 수가 없다. 거기서 내 아이 셋을 낳았으니까. 감사하고 거룩한 내 생의 장소라고 나는 생각할 거야. 내가 처음으로 어머니가 된 집, 내가 처음으로 내 딸에게 엄마! 하고 들어 본 집, 세상에 그런 집보다 더 좋은 집이 어디 있겠니.

그래, 나는 대방동 집을 사랑한다. 그 집에서 흘렸던 눈물과 기대의 두근거림과 절망과 탄식과 죽음을 생각했던 고독들을 모두 사랑한다. 그렇다, 나는 대방동 집을 사랑한다.

생이라는 것도 기초가 어려운 것이지. 내 생의 기초가 다져진 대방동 집을 나는 사랑할 거야. 방이 넓고 창이 크고 그리고 아이들의 놀이터를 만들어 놀던 집, 연못이 있던 집, 그리고 나무들이 자라던 집.

  그 아름다운 집, 아아, 대방동 집······.

나는 여자에서 어머니가 되었다

　희수야. 결혼은 참으로 모순투성이다. 우리는 서로 가슴에 사랑보다는 적의를 품고 있었는데도 그 집에서 딸 셋을 낳았다. 부부 생활이란 참 웃기는 것이지. 적의? 그것은 사랑의 또 다른 표정이라고 누군가가 말하기도 했지만 그때는 납득되지 않았다. 그러나 나는 아무 계산도 서지 않았어. 다만 내가 처음으로 아기를 낳았을 때 나는 아무것도 보이지 않고 아기만 보였다.

　희수야! 나는 애국자도 아니고 나라 걱정도 해 본 적이 없었는데 아기를 낳자 나는 우리 부부도 좋아야 하지만 우리나라도 좋은 국가가 되어야 한다고 생각했단다. 철이 난 거지. 아기도 낳아 봐야 해. 아기를 낳아 본 여자, 여자에서 어머니가 된 여자는 이 세상에서 이길 자 없을 거야. 낯선 남자 앞에 가랑이를 있는 대로 벌리고 생명을 내어 놓고 생명을 얻는 여자가 무엇이 두렵겠니? 여자는 그렇게 무너져 봐야 해. 그렇게 부서지고야 사랑을 아는지 모르지.

나는 어머니가 되었어. 나는 내 아기 때문에 인내심의 키가 잘 자랐다. 나는 이제 포기라는 말을 버려야 한다고 생각했어. 죽고 싶다는 평범한 투정도 하지 말아야 한다고 생각했어. 나는 어머니가 된 거야. 이 세상 그 어떤 지위보다 높고 경쟁이 존재하지 않는 어머니라는 이름을 지니고 나는 다시 생의 어둠을 헤쳐 나가고 있었다.

나는 헉헉거리며 생의 언덕길을 오르며 살고 있었다. 몸에 많은 무리가 갔다. 그 시절 나는 45킬로그램이었다. 바람만 불어도 허리가 꺾일 것 같았지만 누구도 내 위기를 아는 사람은 없었다. 그러나 아기가 있었다. 나는 그 아기가 잘 자라 내 말을 알아듣는 나이가 되기만을 기다렸다. 그러면 내 생의 모든 이야기를 그 딸에게 고백하고 싶었다.

"얘야, 엄마는 말이지……"

나는 연습을 했고 가슴을 졸였고 시간을 기다렸다. 그 기다림이 그때는 유일한 낙이었다.

그런데 희수야! 그 아기가 지금 두 아들의 어머니고 마흔이 다 되어 가는데도 그 딸에게 나는 아무 말도 하지 못한다. 지금도 내 인생에 대해서 말하려면 가슴이 떨려서 죽을 것 같아. 나는 그 딸이 나를 바라보는 일이 겁났다.

나는 둘째 셋째 딸을 낳았다. 머리가 나쁜 거지. 왜 아이는 그렇게 많이 낳았는지. 그러나 내 딸들이 너무 예뻐서 나는 그런 후회에서 곧 해방될 수 있었다.

셋째를 낳고 그다음 해 우리는 그 아름다운 대방동 집에서 이사를 했다. 1976년 5월이었다. 은평구 신사동 200의 123번지. 아아, 내 인생은 바로 이 집에서 모든 것이 다시 시작되는 파란과 축복을 맞는다.

이사를 하고 우리는 제일 먼저 정원을 손질하기 시작했다. 50평밖에 안 되는 작은 정원이었지만 그는 나무를 심고 나는 꽃들을 심기 시작했다. 차고 위에는 등나무를 심었고 통나무를 베어 탁자와 의자를 만들었다. 제법 운치가 있었다. 1년 후면 등나무 꽃들이 포도송이처럼 열릴 것이라는 상상을 하면서 힘드는 줄을 몰랐다.

정원 양쪽으로 메타세쿼이아를 심었고 히말라야시더 한 그루를 대문 앞에 늘어지게 했다. 향나무, 단풍나무, 모과나무, 후박나무를 심었고 목련과 모란 그리고 내가 좋아하는 능소화를 높이 올렸다. 모란은 흰 것과 붉은 것을 심고 여름 내내 피는 이태리봉선화와 도라지꽃을 심었다. 보랏빛과 분홍빛이 서로 무지개처럼 다투어 피었다.

정원 오른쪽에 5층 석탑을 세우고 골동품점에서 돌 떡판을 사다가 정원 한가운데 정원 찻상으로 만들었다. 후미진 길이며 가까운 야산을 돌면서 쓸 만한 돌들을 집으로 날라 길 위에 깔기도 했다. 어떤 것은 조각 같은 것도 있었다.

웬만큼 정원이 채워졌고 우리는 만족해했다. 서툰 정원이기는 했지만 여름 내내 우리는 땀을 흘렸고 정원에 꽃들이 피어났다. 우리 정원은 정말 아름다웠다. 돈으로 만든 것이 아니라 순전히 우리의 노동과 사랑으로 만든 정원이었으므로 세련되지는 못했지만 정이 있었다. 그가 시골에서 가져온 여러 야생화들도 정원의 귀염둥이였다.

남편은 늘 정원에 서 있었다. 그도 뭔가 이겨 내야 할 것들이 있었을 거야. 정원에서 나무들을 손질할 때 그는 참으로 넉넉하고 아름다워 보였다. 그가 좋은 남자라는 것을 나는 늘 정원의 나무들 속에서 생각하곤 했다. 허리를 굽히고 풀들을 뽑고 어쩌다 허리를 펴며 담배를 물고 있는 그를 보면 늠름하고 자랑스럽기도 했다. 열심히 산다는 것으로 치면 저 남자보다 점수 높은 사람이 어디 있을까 그런 생각도 했다. 정원에 서 있는 순간의 그의 눈은 맑고 선했다. 우리는 정원으로 서로의 감정들을 잘 다스렸고 예민한 부분이 생기면 답을 피하고 정원으로 나갔다. 정원에 나가 앉아 있으면 마음이 풀렸다. 이 정원에 돌부처 하나 놓는 것을 꿈꾸며 화를 달래기도 했다.

그러나 정원에 있는 풀꽃 하나도 다 부처였다. 내 집에 왔다는 그 하나의 인연으로 그 나무, 풀, 돌맹이들은 나에게 베푸는 것이 많았다.

그러나 무엇보다 새집으로 왔다는 그 하나의 기쁨으로 가능한 인내를 밥으로 삼았다.

그런데 운명은 그 정도의 안식과 행복도 시기하였다. 이사하고 1년 후인 1977년 5월 11일 그가 쓰러진 것이다.

죽음의 강

우리는 중환자실에서 개인 병원으로 옮기는 행운을 얻었다. 나는 그간의 피로가 싹 가시는 것같이 마음이 가벼웠다. 개인 병원으로 옮기면 며칠 쉬다가 집으로 아무 일도 없었던 것처럼 그렇게 돌아가는 것인 줄로 알았다. 그가 깨어났으므로, 그가 23일간의 혼수를 떨치고 의식을 되찾았으므로 그것으로 모든 것이 끝나는 줄 알았다. 23일은 내게 막막한 사막이었으므로. 누구 하나 제대로 붙잡고 23일간의 어둠을, 불안을, 이야기할 곳이 없었으므로.

가끔 친구나 선배들이 병원을 다녀갔다. 물론 걱정을 해 주었다. 그러나 그 순간에도 위선이 꿈틀거렸다.

나 괜찮아. 그 사람은 잠시 자고 있을 뿐이야. 곧 일어나. 그래, 곧 일어나 집으로 가서 전과 같이 그는 학교로 출근할 거야. 나한테는 아무 일도 없었어. 잠시 어지러웠어. 그뿐이야. 그래, 난 꿈을 꾸었지. 악몽 같은 거 말이야.

나는 그렇게 말하고 싶었고 표정에도 그런 내 감정이 드러났을지 몰라. 나는 현실을, 내가 처한 참상을 누구에게도 보이고 싶지 않았다.

그리고 사실 나는 그가 처한 병에 대해 너무나 무식했다. 어떤 병인지 어떤 상황이 벌어지는지 아무것도 몰랐다. 그가 그렇게 혼절하여 쓰러지고 23일간 혼수에 빠지고도 감기처럼 앓다가 일어나는 것인 줄로만 알았다.

그런데 그것이 아니었다. 병실로 옮기고 그를 마주한 나는 온몸이 얼어붙는 듯한 충격에 휩싸였다. 그는 아무것도 할 수 없었다. 몸 어느 곳도 스스로 움직이지 못했다. 몸 전체에 마비가 와 있었던 것이다. 그는 나무 한 토막 같은 그런 존재였다. 나는 온몸에 소름이 돋았다. 그런데도 이 고비만 지나면, 이 터널만 지나면 하는 기대감이 있었다. 꼭 그렇게 될 것 같았다.

나는 이 병에 너무 무지했으므로 어쩌면 다행이었는지 모른다. 이 병에 대한 후유증과 그 남자에게 일어나는 소용돌이를 조금만 의심했더라도 나는 아마 그때 모든 걸 포기했을지도 모른다. 그것은 인간이 할 수 있는 일이 아니었으므로. 나는 그때 서른다섯이지 않았는가.

나는 다시 집에 있는 세 살짜리 막내를 생각했다. 주치의의 명령을 그대로 복종하며 환자를 지키는 일만이 그때 내가 할 수 있는 나의 능력이었고 나를, 아이들을 사랑하는 일이었다.

처음 내가 맡은 임무는 거친 수건을 돌돌 말아 그의 몸 전체를 때 밀듯이 미는 것이었다. 죽은 세포를 살리기 위해 주는 소위 충격요법인데 끝이 없는 무한정의 마찰법인 것이었다. 밥도 대소변도 온몸운동도 내 일이었다. 나는 꼭 사흘을 하고 쓰러졌다. 세 시간도 제대로 잠들지 못하고 그의 몸에 붙어 먹이고 누이고 마찰하는 그 노동량은 내가 사람으로 태어나 처음 있는 일이었다.

어떻게 그렇게 했냐고? 내게 어떤 능력이 있는 것이 아니었다. 묻는 너도 당해 봐! 너도 세 살짜리 아이의 아빠라고 생각해 봐. 아니야, 그것도 이유가 안 돼. 자존심이지. 내 인생에 이런 일이 있어서는 안 된다고 생각하는 순전히 자기에게 거는 자존심 때문이었어. 당해 봐! 누구나 자기 것이 되면 안 할 수가 없는 것이야. 능력이 아니야. 네가 알까 몰라. 그럴 때는 사랑, 희생, 그따위 단어들은 힘을 못 쓰는 법이다. 이를 악물게 하는 것은 자기를 지키는 마지막 자존심이라는 것을 네가 알까 몰라.

그런데 또 다른 사건이 일어났다. 혼수에서 일어나 사흘째 되는 날 그는 나를 불렀다.

"내가 준 1억 원 가지고 와."

"1억 원이라니?"

"내가 잘 두라고 했잖아. 지금 줘!"

병실에서 처음에 나는 아이들과 웃었다. 웃음밖에 나오지 않았기 때문이다. 그때만 해도 1억 원은 큰돈이었다.

주치의와 상의를 했다. 정신적으로도 이상이 온 게 틀림없다고 내가 말했다. 그러나 주치의는 뇌가 흔들려서 잠시 일어나는 현상이니 지켜보라는 것이었다. 그리고 다시 당부를 잊지 않는다.

"아주머니에겐 잔인한 말이지만 앞으로 정상적인 생활은 어려우니 생활을 책임져야 할 겁니다."

여러 번 들은 말이었다. 아이도 많고 내가 무능해 보였던지 주치의는 경제적인 문제를 신경 써 주었다. 내가 얼마나 세상을 몰랐던지 그 병이 얼마나 돈이 드는지도 나는 예상하지 못하고 있었던 것이다.

주치의 말대로 1억 원에 대한 혼란은 며칠 만에 쉽게 해결되었다. 그도 스스로가 지금 정상이 아니고 죽었다 깨어났다는 것에 어느 정도 동의를 하는 것 같았다.

문제는 몸이었다. 신경이 모두 죽어 있는 몸, 아무리 불러도 응답이 없는 그의 몸을 살려 내는 것이 우리 가족의 대명제였다.

아픈 사람을 돌보아 본 사람은 안다. 찾아오는 사람마다 모두 처방을 들고 온다. 환자 앞에서 이런저런 것이 좋다고 말만 턱 던져 놓고 가면 환자는 그것을 꼭 해야만 하는 것으로 알고 하지 않으면 서운해한다. 미칠 노릇이다.

우리는 한 달 만에 고려대 병원에서 경희대 병원으로 옮겼다. 한약과 물리치료와 침을 병행한다는 이유에서였다. 침을 맞아야 한다고 외치고 가는 사람들이 많았고 한약 운운했으므로 우리는 환자의 의견에 따라 그렇게 할 수밖에 없었다.

좋은 선택은 언제나 누구나 모른다. 그런데 효과가 있었다. 그의 몸이 절반쯤 살아나고 있었다. 꼭 절반, 소위 반신불수라는 불명예가 그의 이름표에 붙게 되었다.

그 정도의 회복이면 집에 누워 있어도 된다고 하는 사람들이 있고 당연히 침 덕분이라고 하는 사람들도 있었다. 사람들의 말이 파도처럼 출렁거렸고 나는 머리가 아팠다. 그렇지, 나는 멀미를 앓고 있었어.

우리 가족은 한 달 동안을 그의 왼쪽 몸에 붙어살았다. 마른 수건으로 마찰하기, 손바닥으로 비비기, 혈 누르기, 안마하기, 운동 시키기, 우리는 할 수 있는 모든 형식의 몸 살리기에 심혈을 쏟았다. 마치 우리의 인생이 그 남자의 왼쪽 몸에 달려 있기라도 하듯……

그러나 그때부터는 좀처럼 좋아지지가 않았다. 앉기, 일어나기, 걷기, 두 손 올리기, 두 발 올리기, 제아무리 안간힘을

써도 우리를 기쁘게 하거나 피로감을 지워 주는 변화가 느껴
지지 않았다.

그렇다고 그의 몸이 거기서 머물 것이라고 생각해 본 적은
없었다. 반드시 온전한 몸이 되어 집으로 돌아가게 될 것이라
고 나는 믿고 있었다.

나는 믿음에 소질이 있다. 어쩌면 그것이 어리석다 할지라
도 그 어리석음이 나를 도울 수도 있는지 모른다. 나는 그렇다.
총명에서 얻은 복보다 어리석음에서 얻은 복이 더 많다. 고등
학교와 대학교에서도 나보다 약은, 나보다 더 계산적인, 나보
다 더 머리 빠른 아이들보다 바보 같은 내가 얼른 더 좋은 것
을 손에 쥘 때가 많았다.

나는 나의 바보 근성을 믿는다. 남을 해치지는 않으니까 그
것이 나를 돕는 유일한 천사일지 모른다. 그러나 희수야. 나는
좀 심한 백치 환자가 아니겠니…….

그의 정신이 어느 정도 정상으로 돌아온다고 생각할 때 나
는 그에게 궁금한 것을 물었다

"23일간 그때…… 잠들어 있었을 때 말이에요. 뭐 생각나
는 거 없어요?"

그는 눈을 감고 무엇인가 생각하는 것 같았다. 희미한 생각
들이 지나가는 것 같기도 하고 깜깜하게 아무것도 생각나지
않는 것 같기도 했다.

"아무것도 생각 안 나요?"

나는 다시 물었다. 적어도 살아 눈을 떴다면 뭐 꿈 같은 거라도 있어야 하지 않을까 그런 생각이 들었다.

"희미하지만 분명한 것은 있어."

"뭐요?"

"물가에 있었어. 강변이었는데 강이 넓었어. 그 강을 건너려고 했는지는 몰라. 그래, 분명한 건 물가에 서 있었어……. 물이 맑았어. 그래, 물가에 내가 서 있었어. 그건 분명해."

그렇게 말하고 그는 눈을 감았다. 어눌한 말솜씨였지만 알아들을 수 있었다. 나는 생각했다. 영혼이었을 거라고.

언젠가 죽었다 다시 살아난 사람들의 거의 90퍼센트가 물가에 있었다는 고백을 다룬 책을 본 적이 있거든. 물! 강은 아무래도 인간의 죽음과 관계가 있는 것 같아. 어눌한 말솜씨로 그는 적어도 궁금증 하나는 풀어 주었다. 강가에 있었다. 희수야, 그 강은 뭘까. 생명은 눈을 감고 영혼은 강가로 나가고…… 뭔가 어두운 터널을 빠져나갔다고도 했어. 희미한 빛을 보았다는 거야. 그는 23일을 죽은 사람처럼 병원 침대에 누워 있었는데 아마도 그의 영혼은 어두운 터널을 빠져나가 강가로 갔던 모양이야. 강을 건너가지 않고 그는 우리에게로 돌아왔는지도 모른다.

성경에 요단강이라고 있지. 어릴 때는 아무 강이나 건너면 요단강처럼 죽는 줄 알았다. 그러나 이스라엘 요르단 구약 여행을 해 보면 요단강은 우습게도 도도한 물결이 넘실거리는 강이 아니고 죽음으로 건너는 강도 아니고 아주 작은 냇물 혹은 고향에서 보던 도랑 같은 것이었어. 기대를 했던 요단강을 건너며 나는 웃었다. 물은 인간에게 마지막까지 신비한 것임을 나는 알았다. 그것도 요단강은 죽음의 강이 아니라 축복의 땅으로 젖과 꿀이 흐르는 생명의 땅으로 갈 수 있는 곳임을 나는 알았다.

그래, 23일 동안 그는 왜 물가에 서 있었을까. 누가 불렀을까? 무엇을 기다리다가 갑자기 자신의 아내와 딸들이 궁금해졌을까. 도대체 그는 거기서 무엇을 했기에 다리를 절며 몸을 가누지도 못한 채 우리 앞으로 돌아왔을까.

　장기 환자를 둔 집은 대개 돈 문제에 부닥친다. 나도 그랬다. 다시 내가 얼마나 미련스러운 여자인가를 말하면 너도 기가 막힐 것이다.

　학교에서 빌려도 되고 친구들에게 빌려도 되는 일이었다. 사실 많은 돈이 필요했다. 그때는 산소호흡기를 사용하는 것도 엄청난 돈이 필요했고 입원비도 그랬다.

　그러나 나는 도무지 남에게 돈을 빌린다는 생각을 할 수가 없었다. 남편이 쓰러져 사람 구실을 할 수 없는 처지에서 누구에게라도 돈을 빌린다는 것이 상상조차 되지 않았다.

　자존심은 그때도 살아 있었다. 내가 허약한 위치에서 누구에게 도움을 청한다는 사실이 나는 끔찍했다. 남편이 아픈 여자가 밖에서 돈을 빌리는 모습이 나는 결코 허용되지 않았어. 너는 이해할 수 있을지 모르겠다.

"애, 달자가 돈 빌리러 다닌대."

나를 아는 사람들이 그렇게 서로 아침 대화를 나누는 것을 생각하면 다시 내가 죽는 것처럼 느껴졌어.

그때 나는 믿는 곳이 있었어. 남편이 관악산 아래 사 둔 작은 집이 있었기 때문이야.

내가 얼마나 한심한 여자인가를 말해 줄게. 나는 부동산 직원을 병실로 불러들여 단 한 번에 그 집을 팔아 버렸다.

한 가지 생각에만 골몰했지. 내 것으로 해결하지 왜 남에게 거북스러운 신세를 져! 뭐 이런 오기뿐이었어. 나도 생각해 보면 많이 뒤틀려 있었어. 인생에 낭패를 당하면 반드시 정신에도 문제가 생기는 것 나 알 것 같아. 생각해 봐! 원 세상에 그렇게 무지하고 계산이 안 서는 여자가 있을 수 있니?

그 부동산 직원은 병실 풍경을 보고 다급하다는 것을 알았고 여자가 무한정 맹추라는 사실을 금방 알아챘다. 현실감은 낙제고, 그래서 그때의 시가에서 절반도 안 되게 나는 도장을 찍고 말았다.

나중에 알고 보니 바로 그 사람이 사 버렸더라고. 부동산 직원 말이야. 기가 차서……. 그 집이 뭐가 된 줄 아니? 서울대학교가 들어서고 관악구청이 들어서고 그래서 그 집은 구청 바로 옆자리가 되어 우리가 퇴원하고 몇 달 안 가서 1억 원이 넘어 있었다. 지금은 적어도 100억 원은 된다고 누가 말했지만 이미 그것은 죽은 자식 불알 같은 것이야.

물질이 뭔지 아니? 어떤 면에서는 사랑보다 훨씬 더 확실한 구원이기도 하고 파산이기도 해. 우리가 사랑이라고 말할 때 뭐든 걸 수 있다고 생각하지. 마치 그것이 인생의 가장 가치 있는 도달점이라는 듯이……. 그러나 돈을 가진 사람들을 봐. 돈에는 사랑보다 더 큰 중독과 거기서 영원히 떨어지고 싶지 않은 밀착 증세가 거의 질병처럼 상승하고 있는 것을 볼 수 있어. 그리고 얼마나 큰 상처가 가슴을 짓누르는지 나는 경험했다. 나는 오랫동안 관악산 그 집 앞을 지나칠 수가 없었다. 그 집 생각만 해도 가슴이 떨렸어. 실지로 가슴이 아파 오고 몸이 뒤틀렸어. 사랑만이 아니다. 물질도 나를 떠나면 거품을 물게 해.

솔직하게 말하면 그 며칠은 남편이 병신이 되어 있는 것보다 집을 싸게 팔아 버린 것, 그것이 더 화가 났어. 돈은 그렇게 사람을 무너지게 하더라. 나 자신에게 화가 나서 머리가 핑핑 돌 것 같았다니까. 물질은 그렇게 인간을 나약하게 비겁하게 형편없이 저질로도 만들어. 잔인하게도 만드는 것이다.

나는 그런 생각을 했다. 그 흔한 말, 첫 단추를 잘못 끼우면 계속 허방을 짚는 것이지. 원래 내가 똑똑한 곳이라곤 없는 여자야. 한심하고도 한심한 여자야. 그것을 너무 늦게 알았지.
열 달을 잘 채우고 나오고서도 지나친 미숙아라는 것을……
그러나 나의 큰 불치병은 그걸 알면서도 고칠 생각을 못하는
것이야. 노력조차도 안 해. 왜냐하면 나는 절대로 빈틈이 없거
나 약은 체질이 될 수 없다는 것을 너무나 잘 알고 있으므로.

작은 잎새에게도 나는 부끄러웠다

너는 어떻게 생각하니?

병원에는 숙대 교수님들과 내 친구며 선배들이 다녀가곤 했다. 병실에서 만나는 경우도 있지만 휠체어를 밀고 가다 복도에서 만나는 경우도 있고 운동을 한다고 내가 그를 부축해 한 발 한 발 붙들고 한 걸음을 걸을 때 마치 북한산이라도 오르듯 그렇게 힘겨운 싸움을 할 때 그럴 때 학교 선생님이나 친구를 만나면 나는 부끄러웠다.

때때로 얼굴이 붉어지기도 하면서 얼른 환자를 놓아 버리고 어디로 도망가고 싶을 때도 있었다. 내 인생의 가장 누더기를 보여 주는 그런 기분이 나를 몹시 괴롭게 했다. 방문객은 고생한다느니 곧 쾌차할 거라느니 생각보다 좋아 보인다느니 뭐 그런 이야기를 하는 게 고작이지만 그들의 눈빛은 늘 나의 초라한 생의 고비를 훔쳐보고는 침묵하는 것을 나는 보았다.

나중에 안 일이지만 사람들은 병실을 다녀가고는 모두 이렇게 말했다고 한다.

"심 교수는 이젠 끝장이다."

"따라서 신달자도 끝장이다."

"아이는 많고 돈도 이제 곧 바닥을 칠 것이고 남은 것은 고생밖에 없어."

그래, 그랬을 것이다. 발음조차도 분명치 않았고 몸도 가누지 못하는 그가 다시 학교로 복직하는 것은 어려울지 모르는 일이었다.

그들 말이 맞는지 모르지. 우리는 겨우 10년도 제대로 살지 못하고 끝장을 맞았는지 모른다. 그런데 나는 그때 끝장 같은 것은, 아니 내일에 대해선 생각할 수가 없었다. 늘 오늘 이 순간을 해결하고 버텨 나가는 일이 너무나 힘겨웠다.

나는 아무도 오지 않았으면 했다. 아는 사람들, 특히 숙대 교수님들의 방문은 견디기 힘들었다. 그들에게 나를 보여 준다는 것, 그들에게 만신창이가 된 내 남편을 보여 준다는 것이 죽기보다 싫었다. 그것은 바로 부끄러움 때문이고 아직도 자존심이 살아 있었다는 증거인지도 모른다. 나를 잘 아는 사람들, 우리 두 사람을 잘 아는 사람들, 그들에게 부끄러웠어.

"결국 너희들 이렇게 사는구나."

그렇게 비웃는 것 같기도 했어. 사람들이 병문안을 마치고 나가면서 "어쩌지, 힘들겠어."라든가 "또 올게." "힘내! 밥도 많이 먹고."라고 말할 때도 나는 부끄러웠고 내가 "안녕히 가세요."라든가 "고맙습니다."라고 말할 때도 나는 부끄러웠다.

나는 다 부끄러웠다. 어쩌자고 내 인생이 이렇게 부끄럽게 되어 버렸을까. 나는 도도하고 싶었는데, 나는 당당하고 싶었는데, 나는 이 세상에서 고개를 치켜들고 잘난 척하고 싶었는데, 그것이 가슴속에 끓어오르고 있는데 현실은 참혹한 실정이었다.

그렇게 부끄러워하면서 나는 병실을 다녀간 사람들의 이름을 수첩에 적었다. 언젠가 내 인생이 밝아져 빛이 온다면 그들에게 뭔가 잘해 주고 싶은 마음이 일었다. 꼭 그런 기회를 갖고 싶었다. 그러나 나는 나와의 약속을 잘 지키지 못했다.

그러나 희수야, 정말 내가 부끄러운 사람은 누구였는지 아니? 그것은 바로 아직은 그 이름조차도 꺼내지 않은 내 어머니, 아버지였다.

어머니만 생각해도 온몸이 촛농처럼 흘러내리는 것 같았다. 죄송해요, 죄송해요. 나는 엎디어 열흘 밤을 지새운대도 석 달 열흘을 금식한다 해도 아니 삼천 일을 무릎 꿇고 빈다 해도 어머니께 죗값을 용서받을 수 없을 것 같았다. 어머니를 뿌리치고 살았다면 잘 살기라도 해야지. 세상 부끄러워서 못 사는 사람은 내가 아니고 내 어머니였을 것이다. 그 생각을 하면 지금도 내 가슴을 찢고 싶다. 그 생각을 하면 지금 당장 콱 죽고 싶은 심정이기도 하다.

나를 이 세상에서 가장 잘난 여자로 만들고 싶었던 내 어머니. 이 세상에서 누가 봐도 참혹한 내 인생을 그런 어머니께 보인다는 것은 차마 살아서는 할 수 없는 일이었다. 잘난 척 살지는 못할지라도 부끄럽게 살지는 않는다는 것이 내 좌표였는데 나는 속수무책 대안이 없는 내 인생에 무릎을 꿇은 것이다. 못나 보여도 끌어안고 잘 살아 봐야 한다는 것이 내 목표였는데 나는 자꾸만 마음이 약해지고 있었다. 그러나 그렇게 할 수는 없었다. 나는 가끔 병실 복도나 병원 뜰에서 혼자 고함을 질렀다. 미친 여자처럼……

나는 일어설 거야. 반드시 잘난 여자가 되고 말 거야. 누구 없어요. 나 좀 도와줘요. 나 이렇게는 못 살아요. 나는 잘 살아야 한단 말예요. 반드시 당당히 폼나게 살고 싶단 말이에요.

나는 어머니 생각을 하며 온몸이 뜨거워지는 열풍을 느꼈다. 희수야, 나는 그때 아마도 어머니를 생각하면서 그 불가능한 시간들을 이겨 낼 수 있었는지 몰라. 나는 절대로 이렇게 살 수 없다는 믿음 때문에 그 축축한 내 생을 환한 햇살 속에 내놓으려고 버티고 있었던 게 분명해.

낮잠을 자고 난 듯 가볍게 일어나서 나의 일상으로 돌아가면 얼마나 좋겠니. 나는 차라리 미쳐 버리고 싶었다. 열 번 포기하고 한 번 일어나고, 한 번 일어나고 열 번 쓰러지는 시소 게임의 파도로 매 시간 나는 출렁이고 있었다.

늘 그랬다. 그 어떤 갈등에서도 마지막엔 결국 그를 위한 치유에 돌진하고 있었다.

어머니, 피눈물을 닦아 드릴게요

조금만 기다려 주세요, 어머니! 이 말은 하루 24시간 동안 내 의식에서 단 한 번도 떠나지 않는 말이었다. 어머니만 생각하면 피를 토할 것 같은 육체적·정신적 멀미를 하게 되었는데 나는 그때마다 좌절보다는 언젠가 반드시 일어나서 어머니에게 마음의 꽃다발을 바치는 광경을 머리에 떠올리곤 했다.

어머니의 꿈을, 어머니의 생의 허리를, 어머니의 생명과도 같은 자존심을 완전히 꺾어 버린 나를 위해 기도한 분은 그래도 어머니였다.

나는 어머니만 생각하면 일어서야 된다는 강박관념에 사로잡혔고 마음이 바빠지곤 했다. 구겨지고 엎질러지고 도저히 회복할 길 없는 상황에서도 나는 일어서야 한다고, 아직 어머니에게 갚아야 할 것이 있다고 온몸에 힘을 주었다. 엎질러진 물도 나는 기어이 주워 담고 있었던 것이다. 어머니, 조금만 기다려 주세요! 나는 이 말을 아편처럼 조금씩 빨아먹으며 내 현실의 아픔과 고통을 이겨 내면서 두 손을 치켜들지는 못하더라도 기어이 일어서고야 말겠다는 힘을 얻곤 했다.

자신의 생에 단 하나도 희망을 이루지 못하고 그 패배를 내게 걸었던 사람, 자신을 대신해 여자로서 행복해 달라고 호소했던 어머니에게 내가 드린 것은 무엇인가? 한 나라의 장수도 들 수 없는 바위 같은 무게의 고통을 그 여린 가슴에 화살같이 박아 준 죄밖에 달리 드린 게 없는 것이다.

단 한 번 어머니 친구들 앞에서 이 딸 자랑을 그래 단 한 번이라도 해 보고 싶었던 어머니에게 내가 드린 것은 나를 낳은 자궁을 들어내고 싶을 정도의 환멸과 수치심뿐이었던 것이다.

자, 어떻게 하겠는가. 내 삶의 현실이 제아무리 살벌하다 하더라도 어찌 어머니를 잊을 수 있겠는가. 어떻게 나를 포기하겠는가. 이런 어머니를 두고 어떻게 내 인생을 누더기로 살아 낼 수 있겠는가. 나는 결코 그렇게 할 수가 없었다.

언젠가 어머니가 우리를 다 키워 낸 고향집을 떠나면서 서울에 도착할 때까지 우신 적이 있었다. 나는 그때 말했다.

"엄마! 반드시 내가 그 집을 다시 사 줄게."

그러나 나는 그 집도 사 드리지 못했다. 내가 어머니에게 해

드린 것은 집은커녕 만 원짜리 몇 장도 없었다.

내가 할 수 없었다는 현실의 난관이야말로 내가 일어서야 한다는 힘으로 총력을 기울일 수 있었는지 모른다.

나는 어머니 때문에 반드시 살아나야 하고 그것도 제법 힘 있는 여자로 거듭나야 했다. 과연 그것은 가능한 일인지 모른다. 다만 어머니를 생각하면서 나는 그의 죽어 가는 반쪽 몸을 부여잡고 땀 흘리고 있었던 것이다. 어머니, 조금만 기다려 주세요! 나는 다시 열손가락을 깨물었다.

중환자실에는 돌비가 내린다

　중환자실은 하루 두 번 면회가 허락되었다. 아는 사람은 다 안다. 중환자실의 풍경은 거의 연옥 아니 지옥이라고 해야 맞다는 것을.

　보호자들은 이미 죽은 표정을 하고 있었고 오랜 전쟁 끝에 겨우 살아남은 난민 같은 모습은 누구랄 것 없이 같았다. 하루에 두어 번 죽은 사람이 실려 나갔다. 중환자실 바로 옆에 영안실이 있어야 하는 이유를 나는 그때 알았다.

　손바닥보다 조금 큰 창문을 통해 간호사가 가끔 보호자 이름을 부르는데 호명된 보호자는 대개 맥없이 울음을 터트리곤 했다. 환자가 죽은 것이다. 그래서 어떤 보호자도 그 작은 창문이 열릴 때마다 소스라치게 놀란다. 그리고 연주회에서

기립 박수를 칠 때처럼 모두 함께 일어나곤 했다. 그리고 자신의 이름이 아니면 모두 무표정하게 똑같이 앉곤 했다. 앉는 것이 아니라 무너지는 것이라고 해야 옳을 것이다.

그 음습하고 무겁고 축축하고 울음소리가 그치지 않고 한숨과 밭은 기침 소리와 낮은 탄식이 어우러진 중환자실을 떠올리면 지금도 나는 그곳이 바로 지상의 지옥이라고 말하고 싶을 정도다.

그래, 그랬어. 사람이 죽어 나가면 모두 "아이고 불쌍한 사람"이나 "아이고 지지리도 복도 없는 것"이라고 말하면서 울음을 토해 내곤 했다. 사람들은 다 불쌍한 존재라는 것도 그때 알았다. 아니, 불쌍하지 않은 사람들은 그곳에 없는 사람들일 것이다.

복이 있는 사람들은 그 시간쯤 쾌적한 잠자리에서 사랑을 나누거나 향기로운 식탁에서 포도주를 나눠 마시거나 음악을 들으며 웃음 섞인 대화에 빠져 있을 것이다. 그것도 아니라면 가족끼리 산책을 하거나 텔레비전 앞에서 과일이라도 나눠 먹고 있을 것이다. 아니, 혼자 독방에서 흐느끼고 있는 사람일지라도 중환자 대기실에 있는 사람보다는 행복한 사람일 것이다.

나는 하루 두 번 면회를 할 때 마지막 시간까지 그의 손을 잡고 있다가 나온다. 그는 나를 알아볼 수 없지만 너무 긴 잠을 자고 있지만 혼수라는 것이 무엇인지도 몰랐지만, 그가 다시 깨어나리라는 기대보다는 이것이 마지막이다라고 생각하는 일이 더 많았다.

나는 혼수 20일째 되는 날에는 너무 지쳐서 그의 볼에 내 입술을 대며 말했다.

"당신 할 일이 얼마나 많은데 이렇게 긴 잠에 빠져 있어요. 제발 좀 일어나요. 세 살짜리 아이가 당신을 찾고 있어요. 팔순이 다 된 어머니가 아들을 기다리고 있어요. 여보, 제발 좀 일어나요, 제발!"

당신같이 가족을 사랑하는 사람이 어쩌면 이렇게 편히 누워 있어요. 여보, 제발 일어나요. 제발 여보 제발……

그렇게 나는 안절부절못하고 있었다.

한 친구는 나보고 교회야말로 치유가 되는 곳이라고 일러주었다. 안수기도를 받으면 네 남편은 반드시 일어날 것이라고 말해 주었다.

듣다 보면 모두 마음이 움직이는 것이었다. 굿도 해 보고 싶었고 안수기도도 해 보고 싶었다. 그렇다. 그가 일어나는 일이라면 굿이 뭐 부끄러운 일인가.

나는 자꾸 마음이 약해지고 있었다.

희수야, 나는 드디어 그를 일어나게 해 준다는 무당을 따라 굿을 했다. 수월찮은 돈을 내고 굿을 하면서 나는 멍청하게 앉아 있었다. 목사님의 안수기도도 받았다. 사람들의 안달복

달에 점쟁이 집에도 몇 군데 갔다. 나는 그를 살려 낸다는 사람들을 미친 듯 찾아다녔던 것이다. 원래 그렇다. 불행을 겪는 사람들은 이런 곳에도 돈을 흘리는 법이다.

내가 무엇을 안 해 보았겠니. 그때 친구가 묵주를 들고 와서 자기는 어려울 때 묵주기도를 한다며 무슨 구슬이 묶인 목걸이 같은 것으로 주기도문 성모송이라고 중얼중얼거렸다. 무슨 말인지 어려웠다.

같은 날 병원 근처에 사는 친구 어머니가 다시 성당 이야기를 하고 돌아갔다. 성당이 무엇인지 묵주가 무엇인지 몰랐지만 이미 많은 것에 실망한 터라 그냥 듣기만 했다.

"병원 문 앞에서 조금만 가면 성당이 있어요. 생각나면 가 봐."

그러나 나는 성당이라는 낯선 곳을 찾아갈 용기가 나지 않았다.

그래, 정말 오늘이 마지막인지 모른다. 그는 영영 눈을 뜨지 못하고 어디론가 사라질지 모른다. 어린아이들을 대책 없이 남기고 젊은 아내를 속수무책 놓아 버리고 팔순의 어머니를 앞질러 그는 어디론가 땅속으로 스며들지도 모른다. 한 올 연기가 되어 하늘로 날아가 버릴지도 모른다.

희수야, 더 기가 막힌 것은 그런 생지옥 같은 중환자실도 언제부턴가 내가 늘 거기 있었던 것처럼 길이 들고 익숙해지는 것이다. 옆에 있는 사람과 인사도 하고 미소도 띠고, 그 지긋지긋한 중환자실은 그렇게 나에게 친숙한 곳이 되어 갔으며 나는 거기서 입 안으로 밥을 밀어 넣고 씹었으며 잠시 푸른 하늘에 마음이 닿기도 했다. 거기가 내가 있어야 할 곳으로 존재하고 있었던 것이다.

무슨 기적이 일어나지는 않을 것이다. 사람들이 말하는 교회, 굿, 그리고 성당 과연 그런 곳에 구원이 있는 것일까. 나는 머리가 무겁고 아팠다.

다시 말하지만 나는 그때 서른다섯이었다.

혜화동 성당을 가다

장기 입원 환자나 중환자 보호실에는 종교적 유혹이 많다. 누구에게나 굿이, 교회 어느 목사님의 안수기도가, 그리고 성당에 나가 보라는 특별한 권유가 남발되는 곳이다. 가장 마음이 약해져 그 어디든 실오라기 하나를 잡고도 매달려 보고 싶은 가장 처절한 곳이 중환자실인 것이다. 언제 죽음이 날아들지 모르는 분위기에서 누가 감히 오만할 수 있으며 그 어떤 종교를 거부할 수 있겠는가.

나도 그렇게 마음이 변하고 있었다. 나는 스무하루째가 되는 날 저녁 면회를 끝내고 다시 마지막 인사를 하고서 병원을 나섰다.

"여보, 안녕……."

단 한마디를 하고 병실을 나왔다. 그냥 걸었다. 목적지도 없었다. 하염없이 걷다가 죽어 사라지고 싶었다. 그런데 나는 성당 앞에 서 있었다. 친구 어머니가 말씀하신, 병원에서 가장 가까운 성당인 것 같았다.

나는 어색하게 고개를 빼 들고 안을 들여다보았다. 아무도 없었다. 고요했다. 그냥 아무런 의식 없이 안으로 들어섰다. 성모님이 보였다. 처음 보는 모습이다. 쑥스러워 나가려고 하다가 다시 고개를 들었다. 성당 문이 보였다. 나는 망설였다. 태어나서 처음으로 들어와 본 성당이었다.

몇 번을 망설이다가 나는 걸음을 옮겼다. 성당 문 앞에서도 다시 망설였다. 무서운 생각이 들었다. 누군가가 목덜미를 콱 잡을 것 같기도 했다. 종교적인 그림들, 물상들, 나는 그런 것이 늘 겁나고 무서웠던 것이다. 그런데 나는 문을 밀고 말았다. 성당 안으로 들어섰다. 아무도 없었다. 의자들이 가지런히 놓여 있었다.

나는 무의식적으로 맨 뒷줄에 가만히 앉았다. 고개를 들었다. 아, 그런데 앞쪽 가운데 예수님이 십자가에 못 박혀 있는 것이 보였다. 십자고상이었다. 예수님도 나를 보았던 것일까. 이상하게 눈이 마주친 것 같은 생각이 들었다. 나는 너무 놀라 눈을 감아 버렸다.

그때부터다. 나는 눈물을 흘리기 시작했다. 언제부터인지 왜인지 아무것도 알 수는 없었다. 다만 나는 울고 있었다. 내 눈물은 너무 살이 쪄 우박 같기도 하고 굵은 소나기 같기도 했다. 그런 눈물을 흘려 본 것은 처음이었다. 그렇지, 누가 그런 우박 같은 눈물을 흘릴 기회가 있겠니.

그 남자를 만나 사랑했을 때도 그 남자와 이별을 다짐했을 때도 그 남자가 쓰러졌을 때도 그 남자가 다시는 일어날 수 없다고 생각되었을 때도 그렇게 울어 보지는 않았다.

내 생의 모든 장면들이 엷은 안개처럼 다가와 모두 구름이 되고 눈물이 되었다. 그 울음은 특별했다. 안으로 깊이깊이 농축되어 있는 내 설움이 한꺼번에 터지고 내가 꿀꺽 삼켜 버린 말에 대한 갑갑함이 다 강물처럼 풀려 넘쳐 나고 있었다. 나의 모든 침묵도 눈물이 되어 출렁거렸고 서른다섯 내 인생의 어둠들도 모두 눈물이 되어 펑펑 쏟아지고 있었던 것이다. 열렬하게 울었다고 하면 맞을까. 열정적으로 울었다면 말이 될까.

나는 내 몸의 세포가 단 하나도 침묵하지 않은 채 있는 대로 들썩거리며 내가 우는 울음을 함께했다고 느끼고 있었던 것이다. 어찌 이런 전신 작동의 울음이 가능한 것일까. 나는 울고 울고 또 울고 다시 울었던 것이다. 누가 나를 이렇게 가슴을 쓸어내리며 울게 만들었는가. 너무나 놀랍게도 태어나서 처음으로 나는 그분을 부르고 있었던 것이다. 눈물은 눈에서만 나오는 게 아니었다. 온몸에서, 천만 명의 울음을 내가 홀리는 것처럼 내 온몸에서 눈물이 쏟아져 내렸다.

"주여! 주여! 주여!"

내 입에서 주여라는 말이 불쑥 나왔다. 그것도 여러 번. 나는 울면서도 내가 왜 주여 하고 앉아 있는지 알 수 없었다. 그냥 울었다. 통곡했다. 나의 온몸은 눈물에 젖었고 내 말 없는 기도는 눈물로 성당을 적시고 있었던 것이다.

그런 상황에서도 나는 조금 부끄러웠다. 그리고 내가 이해되지 않았다. 왜 하필이면 성당에 와서 울고 있는지 알 수가 없었다. 그런데 이상했다. 그만 울어야 한다고 생각하는데도 내 의지대로 눈물이 멈춰지지가 않았다.

이상했다. 그치려 하는데도 그쳐지지 않는 이 눈물은 무엇인가. 하염없이 온몸에서 눈물이 흘렀다. 영원히 그렇게 울 것 같은……. 누가 나를 울게 했는지 모른다. 그렇게 독하게 참으며 의지를 앞세우고 자존심을 앞세워 울지 않으며 누르고 있었던 그 눈물의 강둑을 누가 이렇게 쉽게 무너뜨렸는지.

"주여! 주여! 주여!"

나는 다시 그분을 불렀다. 그렇게 부르고 나니 자꾸 그분을 부르고 싶었다. 그분은 나의 자존심을 건드리지 않으면서 나를 감싸 안아 줄 것 같은 생각이 들었다.

"그래그래, 다 안다."

그렇게 그분이 대답해 주실 것 같았다. 이게 무슨 생각인가.

난생처음으로 성당에 가서 무슨 말을 하고 무슨 생각을 하고 있는지 나를 의심했다.

도망가고 싶은 생각도 들었다. 나를 본 사람은 아무도 없다. 도대체 내가 뭘 하고 있는 거야. 여기가 어디야. 내가 어디 와서 울고 있는 거야. 아 그렇지, 아무도 없는 빈 공간이 필요했는가. 울려고…… 마음 놓고 울어 보려고……. 그러나 그간 나는 울 시간도 없었다. 아니 마음 놓고 울 시간에 환자와 돈과 아이들을 생각해야 했으니까.

내가 아는 것은 내가 울고 있다는 현실뿐이다. 몇 시간을 울었는지 모른다. 얼마나 울었는지도 모른다. 내 몸속에 그렇게 많은 물이 있었다는 것은 놀라운 일이었다.

그렇다니까. 눈물은 눈에서만 나오는 게 아니라니까. 나는 태어나 처음으로 온몸으로 울었고 온몸에서 눈물이 흘렀다.

그런데 이상한 느낌이 들었다. 분명 혼자였는데 혼자 울었다는 생각이 들지 않는 것이었다. 다만 참았던 울음을 울었던 것이 아니라 내 눈물과 내 울음으로 뭔가 함께한 누군가가 있었다는 생각이 잠시 들었다.

나는 이상하게 가벼운 걸음으로 성당을 나왔고 그리고 병원으로 갔다.

붉은 울음꽃

다음 날 나는 아침 면회를 끝내고 서둘러 집으로 갔다. 한 달이 다 되어 가고 있었다. 갑자기 미친 듯이 아이들이 보고 싶어졌다. 아이들이 보고 싶다고 생각하자 갑자기 침대 위에 누워 죽어 가고 있는 남자는 머리에서 사라지는 듯했다.

어쩌면 내 아이들을 그렇게 버려 두고 있었다니…… 남자 하나에 온통 매달려 살고 있었다니……. 나는 자신을 탓하면서 아이들의 이름을 부르며 달려갔다. 혹시 아이들이 그대로 집에 있는 것일까 의심을 하면서, 아이들이 할머니와 함께 밥을 먹고는 있는지 궁금해진 것도 그때였다. 나는 너무나 아이들에게 미안했다.

"빨리요, 빨리요."

택시 기사를 마치 일부러 늦게 가는 것처럼 닥달하면서 나는 집에 도착했다. 대문을 밀며 나는 쏟아질 듯 현관으로 들어서며 아이들의 이름을 불렀다.

"엄마다! 엄마야!"

현관 앞으로 쪼로록 달려온 내 아이들…….

"엄마아, 엄마아, 엄마아아!"

나를 부르는 내 아이들을 보며 나는 그 자리에서 실신하여 쓰러질 뻔했다. 엄마를 부르며 현관으로 다가온 내 아이들은 셋 모두 수두를 앓고 있었다. 전염성이 강한 수두를 누가 먼저 앓기 시작했는지 세 아이는 온몸을 긁어 피가 흐르고 딱지가 앉아 마치 흉하기가 심한 나쁜 병을 앓고 있는 듯했다.

얼굴마저도 빈틈없이 까맣게 되어 있는 아이들 뒤로 근심 가득한 시어머니가 보였다. 병원에 대한 시어머니의 궁금증도 뒤로한 채 나는 방에 들어가지도 못하고 세 아이를 안고 마루 끝에서 통곡하기 시작했다.

세상에 이런 일이 있겠는가. 세 아이를 안고 나는 미친 듯 뒹굴었다. 온몸의 살이 속속들이 찢기고 파열하는 울음을 아는지. 뼈가 녹아 쇳물처럼 흐르는 눈물을 아는지.

희수야, 너는 이런 울음을 소설에서라도 보았니. 나는 아니다. 눈물 질질 짜게 하는 최루 소설에서도 나는 이런 눈물을 본 적이 없다. 살이 타고 뼈가 녹아 쇳물같이 흐르는 눈물을 본 적도 들은 적도 없어. 나는 아이들을 안고 완전히 미친 여자처럼 울부짖었다. 희수야, 지상의 피눈물이 넘쳐 하늘의 노을로 번져 나간 그런 울음을 너는 아는지.

나도 몰랐다. 이 세상에 태어나 그런 울음이 인간에게 숨어 있다는 것을 나도 그제야 알았던 것이다.

그 울음은 아마도 하늘에 닿았을까. 그 울음은 분명 성당에서 흐르던 눈물과는 판이하게 달랐다. 이것은 육신의 바닥에서 긁어 하늘에까지 오르는 인간의 처절한 통곡이었다.

아이들도 따라 울었고 시어머니도 울었으며 우리 집은 그 순간 지상에서 가장 붉고 처절한 울음꽃이 만발했던 것이다. 우리는 일생에 주어진 눈물을 모두 그때 흘렸다고 말해도 틀리지 않는다. 왜 눈물은 끝이 없었는지. 통곡, 통곡, 다시 통곡을 하면서 끅끅 울어 대었다. 너무 슬픈 나머지 그 순간 우리가 해야 할 일은 운명처럼 우는 것뿐이었다.

나는 가슴에 안은 세 아이를 풀어 놓을 수가 없었다. 더 가까이 더 가까이 아이들을 품에 안으면서 내 아이들이 모두 눈물의 강에 떠내려갈 듯해서, 나는 더 힘주어 아이들을 안고 울고 또 울었던 것이다.

우리는 참으로 울음의 한을 풀어내듯 그렇게 오래 울었다. 내장이 다 눈물로 흘러내렸는지 속이 다 허허할 정도로 말이다.

그리고 우리는 바로 그 자리에서 잠이 들었다. 그래, 나는 잠이 들었다. 우리는 모두 눈물에 울음에 지쳤을 것이다. 생각해 봐. 병원 생활의 그 고됨과 울음이 가져온 잠, 잠, 잠……. 아이들을 안은 채 우리는 함께 고요히 잠들어 버렸지. 누가 먼저였는지도 모른다. 열심히 울고 난 다음의 편안한 휴식처럼 그렇게 슬프게 고달픈 자세로 우리는 잠 속으로 빠져 들어간 거야. 방에도 들지 못하고 마루 끝에서……. 나도 피로의 극치에 휘몰렸으니까. 그리고 울음은 잠을 부르는 법이지.

얼마쯤이 지났는지 모른다. 그런데 이상한 현상이 나타났다. 그것을 꿈이라고 말하면 안 될 거야. 그래, 그것은 분명 꿈이 아니었다. 마치 너무나 또렷한 현실이라고 말해야 옳을 것이다. 그런 또렷한 현시 속에서 나는 성모님을 만난 것이다. 듣고 있니? 내가 성모님을 만났다고 지금 말하고 있다. 그것도 그냥 만난 게 아니었어. 따스하게 미소 짓는 성모님이 나를 품에 안고 하늘로 좌아악 오르는 꿈을, 아니 그런 잠시의 황홀을 만난 것이야.

성모님이 나타나셨어. 생각해 봐. 성당이라곤 난생처음 단 한 번 들른 일밖에 없는 나를 그 눈부신 성모님이 안고 하늘로 치솟듯 오르는 그 꿈, 아니 그 현상을 어떻게 받아들여야 할지 나는 막막했어.

사실 얼마나 조심스러운 말인지 모른다. 나는 그 사실을 언젠가 어느 성당에서 간증할 때 말한 적이 있지만 그것도 10년

94

이 훨씬 지나서였다. 말해 버리면 너무나 황홀했던 그 순간이 도망이라도 칠까 봐 나는 시치미를 떼고 그 말을 내 깊숙이 숨기고 있었던 거야.

사실은 지금도 그래. 이 말만 하려면 나는 지금도 설레고 가슴이 뛰고 그때의 흥분이 다 사라질까 봐 겁을 먹곤 하지.

그때는 도무지 해독이 잘되지 않았지. 나는 뭔가 새로운 땅에 도착하는 설렘에 들떠 있기도 했다.

그러나 그것도 잠시였어. 나는 조급하고 바쁜 사람이었다. 나는 한 아이를 업고 두 아이를 걸리어 병원에 갔다. 어미로서 그런 아이들을 병원이라도 데리고 갔다가 집에 두고 와야 하지 않겠어.

나는 의사에게 야단을 맞았다. 당연한 일이었지.

"이 지경이 되도록 아이들을 방치하고 있었어요? 얼굴에도 흔적이 몇 개는 남겠는데요."

의사에게 무식하고 냉담하고 무책임한 어미 취급을 당한 거지. 그것도 당연한 일이었다. 어떻게 세 아이를 이 지경이 되도록 놔 둔 거냐고 나무라는 의사의 멸시를 당연히 받아들였지.

얼굴에 흔적이 남아 곰보가 되더라도 그때는 별다른 대책이 없었다. 무슨 변명이 필요하겠니. 나는 너무 부끄러웠지만 약을 받고 머리를 땅에 대듯 인사를 하고 집으로 되돌아왔다. 그리고 시장에 가서 먹을거리를 팔이 아프도록 사서 집에 놓고 나는 다시 병원으로 돌아가야 했다.

　나의 뒷모습을 보고 아이들이 우는 소리가 들렸지만 냉혹하게 뒤돌아보지 않았다. 저녁 면회에 가야 했기 때문이다. 다시 마지막이 될지도 모르는 그곳에서 그 남자의 모습을 눈으로 익혀야 했기 때문이다.

　세 아이의 손에 과자를 들리고 하나씩 안아 보고 그리고 화살처럼 병원을 향해 달리는 일만이 내가 흘러가야 할 일이었으므로.

　누가 이토록 처절한 생을 만들어 나에게 주었던 것일까.

　내 아이들아 미안하다

　나는 엄마가 되는 게 아니었어

　차라리 홀로 외롭더라도

　하나의 풀꽃이 되는 게 좋았지

　하나의 나뭇잎이 되는 게 좋았지

　그것도 아니라면

　네 아빠를 멀리서 바라보는

　이름 없는 가난한 별이거나

　한 해 한 번씩 눈이 되어

　네 아빠의 지붕 위에 내려도 좋았을 것을

내 아이들아 고맙다
그 위대한 이름 엄마가 되게 해 준 걸
이름만 엄마가 되어
너희들을 따뜻하게 해 주지 못하지만
그래도 내게 너희들이 있다는 것
한 목숨으로 태어나 가장 자랑스러운
사람으로 살 수 있다는 것
내 아이들아 고맙다

아이들아 희망을 가지자
지금 이 엄마 두 발이 닳아 가지만
지금 이 엄마 두 손이 닳아 가지만
지금 이 엄마 너희들과 떨어져 있지만
얘들아 희망을 가지자
저 하늘의 해가 우리의 것이 되도록
저 하늘의 별이 우리의 빛이 되도록
이 엄마 반드시 너희들을
활짝 웃는 이 세상에서 가장 아름다운
여자로 자라게 할 거야
가장 빛나는 별로 빛나게 그런 희망을 가지자
내 사랑하는 딸들아……

기적의 아침이 왔다

　희수야, 기적의 아침이 왔다. 집에서 병원으로 온 바로 그 다음 날 아침, 혼수 23일째 되는 날이었다.

　나는 그날도 집에 두고 온 아이들의 모습 때문에 너무 괴로워하고 있었다. 지난날의 꿈이나 성모님이나 그런 것은 이미 내 가슴에 남아 있지 않았다. 얼굴 가득 까만 딱지가 앉은 아이들 때문에 그나마 중환자실에서의 새우잠도 제대로 이루지 못한 날 아침에 머리만 아플 뿐이었다.

　"이 지경이 되도록 아이들을 방치하고 있었어요?"

　멸시하듯 나무라는 의사의 말이 귀에 쟁쟁하여 가슴이 푹 푹 내려앉는 기분이었으니까.

　그런 기분으로 멍청하게 아침 면회를 기다리고 있었다. 아침 면회는 가야 하니까. 내 기분과 상관없이 나는 그렇게 해야만 했으니까. 내 기분은 이미 죽고 없었으니까.

아침 면회 시간은 다가오고 있었다. 그런데 면회 시간 바로 10분 전 나는 중환자실의 그 작은 창문으로 내 이름을 호명받았다. 대체로 그 창문이 열리고 보호자 이름이 호명되는 것은 언제나 불길한 일이었다. 늘 죽음을 보고받는 일이 허다했던 것이다.

희수야, 나는 가슴이 덜컹 내려앉았다.

"죽었구나. 아, 이제야 끝장이 난 것이구나."

나는 다리가 후들후들 떨리는 것을 있는 힘을 다해 견디면서 창문 앞으로 다가섰다.

너도 잘 알겠지. 아이들과 어머니의 얼굴이 스쳐 지나갔다. 그리고 스스로 포기하려 했던 그의 생명을 떠올리며 나는 가슴이 얼얼해 왔다.

"심현성 보호자 빨리 들어와요."

간호사가 다급하게 말하고, 작은 창문은 닫혔다.

나는 그때 수상했어. 죽었으면 죽었다고 말하는 곳이 그 창문이었는데 왜 빨리 들어오라고 하는지 궁금해하면서 나는 화살보다 더 빠르게 병실로 달려갔지.

희수야! 어떻게 이런 일이 일어날 수 있겠니?

중환자실의 그 사람 침대에서 그가 눈을 뜨고 나를 바라보며 웃고 있는 거야. 23일을 마치 하룻밤 자고 일어난 사람처럼 편안한 그의 표정 앞에서 오히려 내가 온몸이 굳어 무슨 말을 어떻게 해야 할지 잘 모르겠는 거야.

나는 순간 그 전날 아이들을 안고 울다 잠이 들었을 때 성모님이 나를 안고 하늘로 올라갔던 그 생생한 장면을 떠올렸다.

"아, 세상에 이런 선물을 주시다니……."

왜 내가 그런 긍정적인 생각을 했는지 왜 성모님의 선물이라고 생각했는지 그것은 나도 모른다. 옛날 같으면 웃기는 소리 하지 말라고 했을 내가 너무나 자연스럽게 성모님의 선물이라고 믿으며 감사를 드리고 있었다는 것은 그 사람이 깨어난 것처럼 나에게 하나의 중대한 기적이었다.

그때부터 나는 변화의 시기를 맞았다. 감사하는 생활이 시작된 것이다. 그 남자가 깨어난 것으로 내 삶의 새로운 축복이 시작되었다고 나는 믿었던 것이다.

나는 서서히 침대 가까이 가서 그의 손을 잡았다. 남편인데도 어색했다.

"나 누군 줄 알아요?"

"알아."

"누구예요?"

"신달자."

그리고 그는 웃었다. 나도 웃었다.

어둔하고 정확하지는 않았지만 비교적 알아들을 수 있는 말이었다. 23일 만의 말이라 서툴겠지 하고 나는 생각했다.

"오랜만이에요."

"……그래……."

그는 약간 어색하게 웃었다. 이것을 지켜보던 간호사들이 일제히 박수를 쳤다. 지금도 그 간호사들의 박수 소리가 귀에 생생하게 남아 있다. 그 소리를 어떻게 지울 수 있겠니. 나는 지금도 두 다리가 흔들리는 어려운 시간에 봉착하면 그 박수 소리를 떠올린다. 내 인생에 가장 영광된 박수를 받은 일을 기억하라면 아마도 그 순간일 거라고 누구에게라도 말할 수 있다.

희수야! 나는 그 순간 남편인데도 너무 어색해서 얼른 행동하기가 어려웠어.

그를 껴안고 울고 싶은 것이 내 솔직한 심정이었다. 그가 환자라는 사실도 잊어버리고 그에게 안겨 그냥 소리 내어 엉엉 울고 싶었다. 금방이라도 그가 "그동안 힘들었지." 하며 툭툭 털고 일어나 나를 안고 빙빙 돌기라도 해야 될 것 같았어.

그렇게 하고 싶었다. 할 말이 태산보다 더 많았으니까. 23일 동안 내가 겪어야 했던 수많은 이야기를 그에게 눈물을 흘리며 하고 싶었다. 그가 내 어깨를 토닥거리며 위로하고 따뜻하게 감싸 줄 것이라고 나는 믿고 있었어. 그가 잠들어 있던 시간의 모든 이야기, 모든 설움을 그에게 쏟아 놓고 싶었던 거야. 얼마나 하고 싶었던 이야기가 많았겠니. 주저앉아 버린 자존심, 순간순간 세상이 무너지는 좌절감, 어디에도 길이 없었던 막힌 세상, 그리고 아이들에 대한 기막힌 미안함, 그 많은 이야기를 어찌 말로 다 할 수 있겠니.

나는 외치고 싶었다. 여보세요, 그가 일어났어요. 여러분 여기를 봐 주세요. 그가 눈을 떴어요. 그렇게 나는 거리에서 사람들을 막아서며 외치고 싶었다.

희수야, 나는 그것이 내 고통의 끝이라고 믿었다. 그것이 우리의 마지막 괴로움이라고 믿었다. 그가 눈을 떴다는 것은 바로 그 순간 일어서서 모든 것을 혼자 할 수 있는 것이라고 가볍게 생각하고 있었으니까. 평범하게 아침을 맞고 아무렇지도 않게 일하며 어떤 사건도 없었던 것처럼 우리가 껴안으며 입맞출 수 있을 것이라고 나는 생각했다. 그의 병을 너무나 모르는 나는 지독하게 무지하고 한심한 여자였으므로.

　희수야! 나는 너무나 큰 착각을 하고 있었다. 그는 일어난 것이 아니었어. 나는 기절할 뻔하였다.

　개인 병실로 옮기고 나는 놀라운 사실을 알게 되었다. 그는 식물인간이었어. 온몸의 마비로 손가락 하나도 움직일 수 없는 바위 같은 인간이라는 것을 알게 된 거야. 마치 나무토막처럼 꼬집어도 아픔을 느낄 수가 없었다.

　희수야, 나보고 어떻게 하라고. 이런 남자를 데리고 어떻게 살라고. 하느님이 살아 있다면 어찌 나에게 이런 처절한 시련을 주시는지 나는 도무지 정신을 차릴 수가 없었다.

　담당 의사는 차츰 회복이 되면 오른쪽 몸은 살아날 수 있을 것이라는 희망을 주었다. 그러나 왼쪽은 거의 불가능하지

만 사람에 따라서 어느 정도는 회복할 수 있다는 것이 의사의
진단이었다.

희수야! 나는 무서웠다. 꼬집어도 할퀴어도 날카로운 칼로
흠집을 내어도 감각이 없는 몸을 앞에 두고 나는 거의 실신
지경이었다.

그러나 내가 어찌 그를 포기할 수 있겠니. 세 살짜리 딸을
두고 어떻게 아빠를 포기할 수 있겠니.

나는 그날부터 의사가 시키는 대로 마른 수건을 가지고 온
몸을 문지르기 시작했다. 감각을 일으켜 세우는 방법이었다.
나는 너무 열심히 해서 팔에 멍이 들 정도로 아니 팔에 마비
가 올 정도로 그의 온몸을 문질러 대었던 것이다. 지금 생각
하면 어떻게 그토록 열정적으로 그를 일으켜 세우기 위해 노
력할 수 있었는지 내가 나를 이해할 수 없을 정도야. 그러나
나는 밤을 새워 가며 그의 온몸에 내 숨결을 문지르고 또 문
질러 대었다. 그것은 아마도 내 희망이었을 것이다. 희망의 탑
을 쌓아 올리듯 나는 그의 온몸을 문지르고 문질러 대었다.

나는 두렵기도 했다. 만약 이 사람이 영영 되돌아올 수 없
는 것은 아닐까. 내가 무슨 환상에 빠져 있지나 않은지. 나는
두렵고 무서웠다.

중환자실에 누워 있을 때 그 남자의 숙모님은 나에게 말했다.
"조카 돈 쓰지 마. 저 사람은 이미 글렀어. 아이들하고 살

궁리를 해야지."

그러나 나는 그 말이 귀에 들어오지 않았다. 마지막 10원까지도 그를 살리기 위해 쓰고 싶었다. 막내가 세 살이 아닌가. 결코 아빠 없는 아이로 만들 수 없었다. 내 뼈가 부서지더라도 나는 그를 살려야만 했다.

나는 팔에 침을 맞으며 그를 간호했고 팔이 부어오르기 시작하면 뜨거운 물수건으로 내 팔을 다스렸고 그렇게 여러 밤낮을 그의 몸을 문지르며 살아가고 있었다.

그리고 서서히 오른쪽이 살아나기 시작했다.

"다행히 왼쪽에 마비가 왔어요. 대개 남자들이 왼쪽으로 오지요."

담당 의사의 말이었다.

"사모님의 정성이 대단합니다."

그러나 나는 내 현실에 비해 나의 정성이 너무나 부족하다고 생각했다.

희수야, 생각해 보아라. 세 살 된 아이와 겨우 초등학생인 그 위의 언니들을 생각해 보아라. 어떻게 아이들 아빠를 포기하겠니. 또 팔순의 어머니를 포기할 수 있겠니.

그리고 나는 무엇보다 남들에게 내 인생이 누더기처럼 파산하는 모습을 보이기 싫었다.

"결국……."

사실 남들이 뭐라고 하든 뭐가 큰일이겠냐만 나는 그런 소리를 듣는 것이 죽기보다 싫었다. 희수야, 알겠니. 그것은 두 번 죽는 것보다 질색할 일이었다.

나는 뻐기고 싶었다. 대개 약점이 있는 사람들이 가지고 있는 뻥튀기 된 자존심, 그것이 나에게도 있었다. 남들에게 인생을 망쳤다는 소리를 듣는 것은 바로 내 죽음이었으니까.

그것은 내 어머니에게도 당치 않은 일이었다. 내 인생이 무너지고 어찌 어머니를 뵐 수 있겠니. 나는 이를 악물고 또 악물었다.

희수야, 너도 알다시피 나는 독한 여자가 아니었다. 그래, 그것은 맞는 이야기야. 그런데 나는 서서히 독한 여자가 되어가고 있었다. 가슴에 쩍쩍 금이 가도 나는 웃을 수 있는 여자로 훈련을 받고 있었다.

때때로 나는 정신을 잃었어. 혼자 울기도 하고 혼자 웃기도 하고, 나무둥치처럼 굴리면 굴리는 대로 움직이는 남편을 보면서 나는 실성한 여자처럼 때때로 웃고 울었던 거야.

더 기막힌 것은 그 남자의 웃음이 그치지 않는 거야. 조절이 안 되는 거지. 웃음을 약 먹고 멈추어야 하는 현실을 생각해 봐. 뇌의 이상이 앞으로 얼마나 큰 문제를 가지고 올 수 있는지를 나는 사실 그땐 몰랐던 거야.

희수야, 시상하부과오종이라는 말을 들어 보았니. 웃는 발작, 웃는 병이야. 한 번 웃기 시작하면 30분도 계속해서 웃는 거야. 두 시간도 웃기만 하는 거야. 통곡도 시원찮은데 웃는 그 남자를 보는 일은 머리가 휑 도는 일이었다. 그런 몰골로 웃는 남자를 바라보는 이런 비극을 넌 상상이나 하겠니. 정말 미칠 것 같았다. 나는 그가 웃기 시작하면 뺨이라도 치고 싶었다.

"지금이 웃을 때야!"

그렇게 미친 듯이 외치면 그는 웃으며 말했다.

"그러니까 병신이지."

세상에 별 희한한 병도 다 있다. 이 병이 얼마나 우리를 괴롭혔는지 많은 이야기가 있다. 아무것도 모르고 늘 보이는 것이 전부라고 믿었던 거야. 보이는 것이 전부라고 믿는 것이 약이니까. 자신에게 유리하게 생각하는 것이 가장 인간적인 방법이니까. 그것이 어쩌면 살아남는 길이었는지 모른다.

다만 나는 그 남자가 깨어났다는 사실이 전부가 아니라는 것을 점점 알게 되었다. 내 앞길에 무엇이 기다리고 있는지 무섭고 불안해지기 시작했다.

그래, 시간 시간 내 목에 시퍼런 채찍이 감겨 오고 있었다.

다시 한방병원으로

우리는 다시 한방병원으로 옮겼다. 어느 정도 치료가 더 진전되지 않았기 때문에 사람들의 의견을 좇아 이름 있는 한방 치료를 받아 보기 위해서였어.

그때는 경제적 개념도 마비되어서 다만 그가 일어났다는, 그리고 좋아지고 있다는 막연한 기분이 우리를 약간의 흥분으로 이끌었을까. 병실을 일인실로 정하고 응접실까지 있는 병실에서 우리는 그 남자의 생일을 보냈다. 내 인생에 그 어떤 날들이 기다리고 있는지 전혀 알지 못한 채 우리는 그를 둘러싸고 촛불을 켰다. 참으로 너무나 오랜만에 아이들까지 다 불러들이고 해피버스데이 노래를 부르고 박수를 치면서 얼굴에 웃음을 머금고 즐거워했다.

회수야. 가족은 모이면 좋은 것인지 우리는 케이크를 앞에 놓고 아빠아빠 하며 즐거워했다. 남들이 보면 코미디를 보는 듯했을 것이다. 저판에 케이크라니, 해피버스데이라니…… 하면서 말이야. 그래 코미디였다. 그러나 그것은 너무나 잠시의 기쁨으로 지나가 버렸다.

그의 증세는 그리 좋아지지 않았고 약간의 정신적 그늘이 생기기 시작하면서 그는 불안해하기 시작했다.

"나 학교로 돌아갈 수 있을까?"

"물론이지요."

그렇게 대답은 했지만 누구도 모르는 일이었다.

다행히 고려대 총장이신 분이 숙명여대 총장으로 오셨기에 마음이 조금은 놓였다. 대학 시절 그를 총애하던 은사이시므로 이미 내게 학교 걱정 말고 잘 치료하라는 전갈을 주셨던 분이다.

우리 누구도 학교 걱정을 안 하지는 않았다. 다시 학교에 갈 수 있는지 강의는 지속할 수 있는지 그것은 우리에게 가장 큰 의문이요 궁금증이었던 것이다.

한방 치료라고 금방 우리에게 산뜻한 해답을 주는 것은 아니었다. 재활 치료와 침, 한약, 그것이 전부였지만 눈에 보이지 않게 좋아진다고 우리는 말하고 있었다.

말하는 것은 좋아진 느낌이었다. 다행히 언어장애는 심하지 않았다. 아마도 석 달이면 언어장애는 풀릴 것이라고 보고 있었다. 사람들은 말했다. 처음 상태를 생각하면 믿을 수 없는 기적이라고.

누구나 말했었다. 1퍼센트의 가능성도 없다고. 그러나 나는 1퍼센트를 믿었다. 아니 백지 상태에서도 나는 포기할 수 없었다.

사람들은 나 몰래 수군거렸다. 사람도 잃고 돈도 잃을 거라고 모두 단정하고 있었던 것이다. 거기에 비하면 너무나 양호한 것이었다. 한마디로 말하면 이제야말로 죽지는 않을 것이었다. 희수야, 이것이 내가 20년 넘게 얼마나 싸워 온 주제인지 넌 모를 것이다.

'저 남자는 이제 죽지는 않을 것이다.'

그것은 그 시절만 해도 축복과 안심에 가까운 것이었다.

부축을 받으며 걷는 일이 수월해졌다. 양쪽에서 잡아 주면 겨우 발을 떼는 수준이었지만 온몸이 마비되었던 두어 달 전에 비하면 얼마나 축복인지 모른다. 그런 속도라면 다시 두어 달 후부터는 뛰어야 하겠지. 그러나 절대로 그런 속도는 우리에게 오지 않았다.

어쨌건 우리는 성의를 다했고 환자도 나의 의견을 잘 따라 주었다.

의지를 가지고 있는 힘을 다해 우리는 재활에 온몸을 바쳤다.

한방병원 시절 나는 눈여겨봐 둔 게 있었다. 퇴원 후 내가 직접 할 수 있는 일이 무엇인지 의사 면허증이 없어도 집에서 직접 할 수 있는 일이 무엇인지 치료 과정에서 눈치껏 봐 둔 게 있었어. 바로 지압과 부항 뜨기, 온몸 마사지 그리고 몸을 움직여 주는 물리치료였다. 물론 만약이었지. 혹시라도 쓸모가 있지 않을까 나는 영악하게도 그런 생각을 했던 거야.

희수야! 그런데 그것이 수년간 내가 해야만 했던 내 생의 필수과목이 된다는 것을 누가 알았겠니. 팔자라는 것은 속이지 못한다더니 내가 왜 그것을 익혀 나왔는지 모를 일이야.

우리는 퇴원을 앞두고 있었다. 다 나았냐고? 물론 아니었다. 모든 것이 어린아이 수준이었지만 걸리고 먹이고 소변을 받고 퇴원할 무렵도 그 수준이었지만 더는 병원에서 할 일이 없다는 것이다.

우리는 탕약을 잔뜩 받고 주의 사항과 지켜야 할 것을 서약하면서 퇴원을 했다. 얼마나 기뻤는지. 퇴원이라니. 우리에게도 퇴원이 있구나. 나는 너무 기뻤다. 퇴원이라는 말의 흥분이 그때처럼 컸던 적은 아마 없을 것이다. 두어 달간의 병원 생활을 끝내고 집으로 돌아가기 위해 짐을 꾸리면서 나는 먼 소풍이라도 끝내고 가는 아이처럼 흥에 겨웠다.

무식에 대한 논의를 다시 하지만 정말 나는 무식했고 그 병에 대해 무지했다. 집에 가면, 아이들과 함께 살다 보면 모든 게 줄줄 풀릴 것 같은 생각도 들었다. 그런 흥분으로 나는 걸음조차 혼자 걷지 못하는 그 남자를 데리고 집으로 갔다.

운명의 구둣발이 내 가슴을 짓밟다

전쟁에서 승리를 거두고 돌아오는 개선장군처럼 그렇게 그는 집으로 돌아왔다. 3개월 만이었다.

병원에서 뇌졸중이라는 진단을 받았을 때 그는 누구보다 진지하게 가족을 위하는 아버지였고 성실한 가장이었다.

"집으로 가. 너라도 살아야 하니까."

미래를 생각하며 자신의 목숨을 기꺼이 포기했던 사람, 아픈 사람으로서 가족에게 짐이 되면 생명을 포기하겠다던 사람, 아까운 돈을 축내며 가족을 고생시킬 바에야 차라리 자신의 생애를 반납하고야 말겠다던 그 사람은 집으로 돌아오면서 먹을 것을 주면 좋아하는, 그저 살아났으므로 얼마나 다행이냐는 단순한 생각을 가진 그런 남자로 변해 있었던 것이다.

퇴원했다는 소문으로 여기저기서 전화가 오면 그는 늘 즐겁게 대답해 주었다.

"나 다 나았어요."

전화기도 제대로 잡지 못해 어설픈 몸짓으로 그는 그렇게 쉽게 대답했다. 뭐가 뭔지 잘 몰랐지. 어쨌든 그는 집으로 돌아왔고 집으로 돌아온 그는 철부지 아이였다고 하면 희수, 너는 알아들을 수 있을까.

희수야. 나에겐 그때부터 잔인한 시간이 시작되었다. 무거운 휘장을 걷어 내며 어느 잔혹한 신이 나를 마구 잡아 머리채를 잡아끄는 그런 기분이 들 정도로. 하나에서 열까지 모든 일을 나 혼자 할 수밖에 없는 잔인무도한 시간이 흐르고 있었던 거야.

병원에서의 생활은 얼마나 복된 시간이었는지 모른다. 의사, 간호사 그리고 밥을 해 주는 사람, 쓰레기를 치워 주는 사람까지 있었으니 돈만 주면 모든 것을 해결해 주는 병원 생활이 얼마나 나를 위한 시간들이었는지를 깨닫기 시작했다.

병원 생활이 나를 위한 시간이었다면 집에서의 생활은 그 사람을 위한 시간이었다.

그는 주면 먹기만 하면 되고 가만히 있으면 옷을 입혀 주고 시간 맞춰 걸음마를 시켜 주고 목욕을 시켜 주고 그저 자기가 하고 싶으면 입만 움직이면 되는 사람이 되어 버렸다.

몸이 아프면 밤낮으로 두들기고 주무르고 마사지를 하고 날이 흐리기라도 하면 온몸이 저려 틈나는 시간은 거의 그의 몸에 붙어 앉아 두들기기라도 해야 했다.

나는 정신이 없었다. 아이들에게 해 주어야 할 일만으로도 종일이 모자랐지만 이 남자에게 해야 할 일은 하루의 시간이 부족하고 또 부족했다.

나는 집에 오는 첫날부터 잠을 잘 시간이 없었다. 약을 달여야 하고 짜지 않은 음식들을 만들어야 하고 시간마다 약을 먹이고 운동을 시키고 목욕을 시키고 두 곳의 병원을 다녀야 했다. 빈틈만 나면 그 남자는 나를 마치 옆방에서 잘 자고 나온 여자처럼 부려 먹었다.

나는 두 팔이 얼얼하고 잠시 잠깐씩 마비가 오는 듯 말을 듣지 않아 내 팔이 아주 나를 외면하지나 않을까 두려웠다.

"미안해, 미안해."

나는 내 팔에게 말했다. 그러나 나는 쉴 틈이 없었다. 미안하다 따위의 낭만적 유희를 즐길 시간은 허락되지 않았다. 점점 내 몸을 생각할 겨를이 없었으며 나를 돌볼 감정적 여유마저 사라지기 시작했다. 나는 미친 듯 날뛰었고 정신 나간 여자처럼 살았다.

목욕만 해도 그랬다. 몸을 못 쓰는 사람은 세 배나 무겁다는 것을 넌 모를 거야. 나는 혼자 도저히 그를 들 수가 없어서 그 사람 밑에 타월을 깔고 그 큰 타월을 질질 끌어 목욕탕으로 데리고 갔다. 그리고 수도꼭지에 호스를 대고 물을 뿌리고 비누칠을 하고 호스로 물을 뿌리고 다시 타월을 깔고 그 무거운 남자를 질질 끌고 방으로 옮겼던 것이다. 목욕을 시키지 않으면 몸을 저려하고 고통을 호소하기 때문에 그렇게라도 목욕을 시키고 등을 두 발로 지근지근 밟아야 겨우 시원하다고 말하곤 했다. 그 목욕을 하루에 두 번⋯⋯. 나는 구역질을 하는 내적 신병을 앓으며 그 운명의 무게를 견뎌 내었다. 그때는 '왜?'라는 물음은 생각할 시기가 아니었다. 모든 것이 내가 하지 않으면 방치되고 그만큼 내 일이 중첩되는 그런 시기였던 것이다.

발바닥이 화끈거릴 정도로, 때로는 밤에 발바닥 껍질이 확확 벗겨져 나갈 정도로 나는 집에서 종종거리며 뛰어다녀야 했고 이 일 저 일로 분주했던 것이다.

한약만 해도 다섯 가지를 달여야 했으며 양약을 먹이는 것도 시간이 다 달랐고 먹을거리며 빨래며 그 모든 일을 내 두 손이 하지 않으면 일은 쌓이기 시작했다. 그러면서 병원을 다니고 침을 맞히고 다시 돌아와 약을 먹이고 몸을 두들겨야 하는 일들만 해도 결코 쉬운 일들이 아니었다.

거기다 친척들이 오면 한 가지씩 좋다는 약을 환자에게 말하고 가곤 했다. 왜 우리나라 사람들은 모두 의사인지 모르겠어. 마치 반드시 해야만 하는 일처럼 그것을 하면 좋아진다는 말을 해서 환자는 그것을 해 주지 않으면 내게 성의 없다는 식으로 얼굴을 붉히는 것이다. 정말 환장할 노릇이었다. 그렇게 약을 사 오고 달이고 먹이다 보면 하루가 모자랐다.

나는 미칠 것 같았다. 아니 나는 미치고 있었다. 미치지 않고서야 어떻게 그런 일에 온 생애를 다 바치겠니.

그 남자는 서서히 이기주의, 개인주의에 빠져 자기만 아는 종족으로 변해 갔으며, 놀라운 것은 상대가 힘들다는 생각을 조금도 하지 않고 있다는 것이었다.

그 시절 나는 몇 개월, 아니 몇 년일 거야. 이부자리를 깔고 잠을 자 본 적이 없었다. 밤새 일하다가 그를 두드리다가 잠이 들기도 하고 마루에서 아이들의 빨래를 개다 부엌에서 약을 만지다가 쓰러져 자기도 했다.

도무지 어떻게 하면 좋겠니?

아, 나는 두려웠다. 내가 나에게 굴복하고 만다면 모든 것은 끝이다. 약해지면 안 된다. 울어서도 안 된다. 남들을 보며 살면 안 된다.

분명한 것은 자기 학대가 있어서는 안 된다.

나는 그 남자가 아무렇지도 않게 학교 일을 할 수 있는지 학생들과 교감을 할 수 있는지에 온 정신을 쏟았다.

"어머, 소문과는 다르네요. 이렇게 완전하게 회복할 수 있다니 기적이군요."

사람들이, 교수들이, 학생들이, 그를 보는 모든 사람들이 그렇게 말하기를 진심으로 온 마음을 다해 기구하고 정성을 쏟았던 것이다. 그렇게만 된다면 나는 몸이 부서져도 좋았다. 나는 그토록 절실했다.

희수야, 그것은 허영이 아니었다. 내가 뭐 남달리 간호를 잘했다는 칭찬을 받고 싶은 것이 아니었다. 그것은 우리 가족의 생계가 달려 있는 일이었고 그 남자와 나의 자존심이 걸려 있는 일이었다.

"결국 그렇게 될 줄 알았어요."

죽어도 그 말만은 듣지 않기를……. 그래서 나는 온몸이 가루가 되어도 신음 소리조차 내지 못한 채 앓아 가며 그 남자를 위해 내 몸을 바쳤던 것이다.

나는 그때 서른다섯이었고 세 아이를 낳았으며 그것 말고도 다른 무거운 짐들이 많았다. 내가 어찌 내 몸을 아끼며 쳐들어오는 운명을 그대로 받기만 하겠니?

절대로 자기 운명을 의심해서도 안 된다. 저항하는 것도 안 된다. 그렇다. 잠시만, 그래 조금만 모든 것을 잊어버리고 나를 잊어버리고 오직 아이들 아빠만 생각하자. 그것만 생각하면서 나를 잊어버리자. 어쩌면 그것만이 나를 살리는 것이다. 나를 살리는 길로 가자.

나는 나를 그렇게 이끌어 나갔다.

어처구니없이 변해 가는 그의 행동들

그 남자가 퇴원했다는 소문을 들은 사람들이 집을 방문하는 경우가 있었다. 우선 그 남자가 사람들을 좋아하고, 아직 자신의 주변에 그 어떤 변화가 없다는 사실을 증명하기 위해 사람들을 부르는 일도 있었다. 인간관계에 어떤 공백도 없다는, 그리고 그들에게 자신이 특별한 병을 앓지 않았다는 것을 보여 주기 위해 그것은 필수적인 일이었다. 자신이 다 나았다는 사실을 보여 주고 싶기도 하고 그간의 외로움을 보상받고 싶은 심리도 있었을 것이다. 그러나 그것은 아주 잘못된 판단이었다.

그의 친구 두 명이 집을 방문했을 때 나는 정말 마음이 조마조마해서 견딜 수가 없었다. 그가 실수라도 하면 어쩌나, 친구들이 모두 그의 이상한 행동들을 알고 가면 어쩌나, 소문이 나쁘게 나돌면 어쩌나, 학교에 잘못 전달되면 어쩌나, 나는 손 끝이 화끈거리고 온몸에 불이 댕기는 것같이 달아올랐다.

친구들이 왔고 그들은 하나같이 놀라운 감동으로 그를 반가워했다.

"아, 정말 다 나았네. 어떻게 이런 기적이 있을 수 있나."

그들은 몇 번이고 그런 말을 하며 진정으로 기뻐해 주었다. 병원에 와 본 친구들은 처음 증세를 알고 있으므로 그렇게 놀라워했던 것이다.

그렇다. 그는 처음에 비해 좋아졌으며 이젠 오른쪽은 제법 움직일 수 있어서 남들 눈엔 거의 회복 단계로 보일 수도 있었다.

그런데 이상한 행동들이 발견되었다.

손님들 앞에 과일과 차를 내놓았는데 글쎄 과일을 손님에게 권하지도 않고 혼자 다 먹어 버리는 거야. 그것도 너무나 빠른 속도로 말이야.

친구들의 놀라는 표정을 나는 볼 수 있었는데 그는 계속 말이 많았고 말의 순서가 정돈되지 않았다. 왜 친구들도 이상하다는 것을 모르겠니.

그다음엔 학교 후배인 오 박사와 친구가 왔는데 과일을 각각 접시에 담아 손님 각자 앞에 놓아두었다. 그런데 말이야,

자기 접시의 과일을 다 먹고 손님 접시의 과일을 다 자기 앞으로 가지고 가서 먹어 버리는 거야. 나는 진땀을 흘렸다. 어떻게 하면 좋았겠니. 나는 손님 앞으로 가서 얼른 대화의 방향을 바꾸고 그 사람이 앓고 나더니 아기같이 되었다는 둥 수다를 떨었지만 오 박사는 다 알고 있었다.

뭔가 이상했다. 이상했지만 그 사람이 사람을 좋아하고 즐거워하고 학교에 대한 희망을 품고 있다는 사실에 우리는 그의 이상한 점을 묵인하려 애썼다.

그러나 몇 사람이 우리 집을 다녀가고 그 사람을 만나 이야기를 해 보고 난 후에 차츰 사람들은 발을 끊기 시작했다. 전화 오는 일도 이어지지 않았다.

오 박사는 내게 말했다.

"학교를 더 쉬게 하시죠."

그러나 나는 그렇게 할 수 없었다. 월급이 문제가 아니었다. 학교를 더 쉬게 하면 자신이 더 이상 필요하지 않다는 절망감으로 그 사람은 아마 죽을지도 모른다고 나는 생각했다.

"오 박사님, 도와주세요……"

말을 더 잇지 않아도 그분은 잘 알고 있었다. 오 박사는 후배였지만 남편과 가장 친한 친구였으며 처음 쓰러져 병원을 갈 때도 가족 외에 동행했던 오직 한 사람이었다.

남편을 알기로는 누구 못지 않았다. 만약 오 박사를 잃으면 그는 너무 외로워질 것이었다. 그러나 문제는 그 남자는 그런 분위기를 전혀 알고 있지 않은 듯했다.

별것 아닌 일로 오 박사에게 전화를 해서 오라고 명령을 하고 학교 일에 대한 문제점을 전혀 현실에 맞지 않게 말하는 등 알 수 없는 행동들을 하는 것이었다. 현실을 볼 수 없는 그는 정신적 장님이 되어 버린 것이다. 몸은 살아났지만 정신은 아직도 비빔밥이 되어 있는 상태랄까. 그의 행동은 불 옆에 놓아둔 아이같이 불안하기만 했던 것이다. 어쩌면 좋겠니.

그런 사람이 아니었다. 이성적이고 판단력이 뛰어났던 그리고 냉철하게 자기 관리를 했던 그 사람은 어디에도 보이지 않았다.

나는 피로에 피로가 겹쳐 입술이 터지고 다리를 절고 허리를 다치며 종일 뒷바라지를 하면서도 희망이 뭉개지는 듯한 두려움에 떨고 주저앉을 것만 같았다. 걸레가 된 마음을 다지고 또 다졌던 것이다.

그 시절 나에게 힘이 되어 주었던 것은 세 살짜리 아이였다. 물방울 같은 입술을 내밀면서 뽀뽀하며 안기는 그 아이를 보면 정신이 번쩍 들곤 했던 것이다. 그래, 그것이 나의 힘이었다. 기적의 비타민이었을 거야.

그 남자의 첫 강의

여름방학이 끝나고 9월 학기가 시작되었다. 우리에겐 중요한 시기였다. 그가 강의를 제대로 할 수 있는지 강의를 포기해야 하는지 9월 학기는 중대한 기로였던 것이다. 마침 과 교수들의 배려로 수업은 작았지만 그것마저도 소화할 수 있을지 모르는 일이었다.

나는 강의가 있는 첫날 잠이 오지 않았다. 만약 첫 강의를 실패하면 다시 학교에 안 나가겠다고 우길 것이고 그렇다면 그것은 황당한 일이 아닐 수 없었다. 그 사람의 절망은 우리 집의 분위기를 좌우하는 것이고 그만큼 내 고통의 무게는 더해지는 것이다.

나는 새벽에 일찍 일어나 목욕을 시키고 약을 먹이고 속옷부터 차례대로 옷을 입혔다. 오랜만에 입는 양복이었다. 어색해했지만 말끔한 옷으로 기분 전환이 될 것이라 믿었고 넥타이도 빛깔 고운 것으로 골랐다. 학교 가는 날을 며칠 앞두고 나는 넥타이 매는 법을 오래 연습했다. 그날은 다행히 적당한 길이로 잘 매어졌다. 그도 기분이 좋은 것 같았다. 그리고 몇 가지 당부를 했다.

"서 있을 수 없거든 앉아서 해요. 말을 너무 많이 하지 마요. 말이 잘 안 되면 쉬었다 해요. 웃음이 나오면 복도로 나왔다가 웃음을 그치고 하세요. 학생들에게 양해를 구하세요. 미안하다고 하고 조금씩 내용을 늘려 나가겠다고 말해요. 길게 안 해도 오늘은 될 거야. 알았죠?"

그렇게 당부를 하고 양말을 신겨 주고 안경을 닦아 얼굴에 걸어 주었다. 마루 끝에서 마지막으로 구두를 신겨 주고 택시를 잡아 사람 하나를 붙여 같이 태워 보냈다. 그 사람에게 강의할 때도 복도에서 지켜보고 있어야 한다고 당부를 했다.

그렇게 그들이 탄 택시가 떠나고 나는 전화가 울릴까 가슴을 졸였다. 무슨 일이 일어날지 모르는 일이었다. 무슨 망신이라도 당하면 어쩌나 나는 아무 일도 손에 잡히지 않았다. 나는 무조건 두 손을 모으고 간절히 기도를 했다.

"성모님, 제발 무사히 돌아오게 해 주소서. 성모님, 제발 그가 무사히 돌아오게 하소서."

다행히 사건이 있다는 전화는 오지 않았다. 그렇다고 성공했다는 이야기는 아니었다. 그 사람은 세 시간을 넘기지 못하고 집으로 돌아왔다. 첫 강의는 실패한 것이다.

웃음은 다행히 참았는데 너무 긴장했는지 딸꾹질이 계속해서 나 도무지 말을 할 수 없었다는 것이다. 그는 딸꾹질을 자주 했다. 뇌를 다친 사람들에게 흔히 나타나는 증세라고 했다. 때로는 사흘 동안 계속되는 날도 있고 온 밤을 꼬박 새는 날도 있었다. 웃는 것도 견딜 수 없는 일인데 딸꾹질도 주변을 뒤집어 놓는 일이었다. 그럴 때 동대문, 남대문을 헤매며 감꼭지를 사 모으는 일도 나의 몫이었다. 감꼭지 삶은 물을 마시게 하면 이상하지, 그 끈질긴 딸꾹질이 그치는 거야. 나도 그 시절 안 지식이지.

별걸 다 안다, 나는. 정말 나는 별걸 다 해 보며 살았다.

희수야. 너도 아는 일이지만 나는 정말 좋은 부모님에게 태어나서 부잣집 딸로 지나친 사랑을 받으며 자랐다. 이렇게 막일을 해 가며 젊음도 문학도 사랑도 평화도 모두 내동댕이치고 살아가고 있다는 사실은 나에게 어울리지 않는 것이었어. 그것은 산지옥 그 자체였다.

그는 그다음 날도 그렇게 학교를 갔다. 팬티에서 넥타이까지 그리고 안경을 씌우는 일에서 구두를 신겨 주는 일까지 내 두 손으로 해서 그를 학교에 보내고 나면 내 몸은 물처럼 풀어져 도저히 몸을 일으킬 수가 없었다.

그러나 내가 어떻게 누워 있겠니. 돌아오면 먹여야 할 약을 달이고 싱겁고 소화 잘되는 음식을 준비하고 기다려야 했다.

그러나 더 긴장하며 떨고 겁낸 것은 육체적 노동이 아니었다. 그가 다시 강의를 중단하고 돌아오면 어쩌나, 그 생각만 머리에 가득했다. 정말이야. 그가 다시 도저히 강의는 이제 못 하겠다고 돌아오면 어쩌나. 나는 온몸이 뜨겁게 끓어오르고 열이 치받는 것 같았다.

그러나 역시 두 번째 강의도 실패로 돌아갔다. 두 번째는 웃음이 도저히 그치지 않아 계속할 수가 없었다는 것이었다. 무슨 증세인지 알 수 없는 일이었다.

"왜 웃음이 나요?"

나는 물었다. 그래, 이것이 웃을 일이니? 울어도 통곡을 해도 모자라는 판에 웃다니, 웃음이 그치지 않는다니…… 나는 머리를 산발하고 깊은 강물에라도 뛰어들고 싶었다.

정말 모순의 극치가 아니겠니. 그는 늘 그렇게 대답했다.

"하도 기막혀서 그러지. 내 꼴이 이렇게 된 것이 너무 억울해서 차라리 웃는 거지, 그럼 울어!"

그러나 그것은 병이었다. 병원에서는 시상하부과오종이라는 병명을 말해 준 일이 있다. 이름도 희한하다. 참 별꼴을 다본다, 희수야.

그것은 무서운 병이다. 그도 말은 그렇게 하지만 그의 의지로 웃음을 그칠 수 없다는 사실은 우리를 매우 당혹하게 했다. 때로는 밤에도 웃음이 터지면 한두 시간 실성한 사람처럼 그렇게 웃었다. 그는 웃고 나는 울고…… 그의 웃음이 시작되면 나는 미친 듯 울었다.

"제발 웃지 마. 제발, 제발!"

나는 그를 잡고 흔들고 발악을 치며 웃지 못하게 해도 그는 낄낄거리며 웃고 있었다. 얼굴이 벌겋게 달아오르며 웃었다. 시상하부과오종 환자. 세상에 그런 이름도 처음 들었다. 고주파 수술을 해야 한다고 했지만 뇌를 수술할 수 있는 처지도 못 되었다. 뇌를 수술하면 결국 그를 온전한 인간으로 구할 수는 없는 일이었다. 나는 그악스러운 현실에서 낄낄거리는 그 남자 앞에서도 희망을 버리지 않았다. 내 희망은 도대체 강철로 만들어진 것인가.

그렇게 본격적으로 비극이 시작되고 있었다.

저 세상의 가을을 봐요
저 세상의 거리에는
내 몸이 한 장 낙엽으로
구르고 있네요
내 정신이 한 장 낙엽으로 썩고 있네요

세상은
사랑은
한 장 찢어진 잎새
새로 태어나지 않으면
이미 생명은 사라지고 없네요

저 세상의 가을을 봐요
저 세상의 거리를 봐요
나쁜 신의 바람이 불고
희망이 으깨어지고
시간이 창살에 걸려 찢어지고
그래도 차마 죽지 못하고
죽음마저도 허락지 않는
악의 신이 휘파람을 불고
한 여자의 운명을 가지고 노네요
한 여자의 삶을
처절한 낙엽 속에 불어 넣고
마구 뒤흔드네요

저를 이끌어 주소서

드디어 나는 결심을 했다. 영원히 목에 걸고 있어야 하는 목걸이를 걸기로 약속한 것이다.

도저히 나 혼자의 힘으로는 살아갈 길이 막막했으며 하느님과 의논 없이는 아무것도 할 수가 없었다. 나는 하느님을 의심하면서 믿기로 했다. 나는 하느님을 욕해 가면서 하느님을 믿기로 한 것이다. 불안함이 내 가슴을 메워 오고 내 온몸을 휘어잡고 그리고 사는 일이 서서히 무섭고 두려워 나는 하느님을 택한 것이다. 죽고 싶으면 하느님의 가슴팍이라도 쾅쾅 쳐야 할 것 같아서 나는 하느님을 택한 것이다. 내 영혼이 새롭게 태어난 것이다.

나는 대학 때 종교에 대한 많은 회의와 갈등이 있었다. 시인의 길에서 종교는 필요한 것인가. 종교로 인한 감정 변화의 갈등이 나 스스로를 오히려 괴롭히는 것은 아닐까. 피해도 좋을 짐을 스스로 지는 것은 아닐까. 많은 근심이 있었지만 나는 그와 함께 영세를 받기로 결심을 했다.

그 남자도 마음이 약해져 있었으므로 쾌히 허락을 했다. 그러나 영세를 받는 것으로 자신의 회복에 큰 변화를 기대하는 것은 아닐까 마음을 졸였다. 종교로 모든 것을 쉽게 허락받는 것으로 생각할까 두려웠던 것이다.

우리는 특별히 성북동 박귀훈 신부님에게서 교리 공부 없이 함께 영세를 받았다. 남편의 대부님은 같은 학교의 한용희 교수가 해 주셨고 대모님은 은사이신 김남조 선생님이 해 주셨다.

우리는 그렇게 새롭게 태어났다. 드디어 하느님께서 허락해 주신 생활이 시작된 것이다. 1977년 11월 11일이었다.

내 인생의 첫 기도는 물론 남편의 빠른 회복과 아이들의 건강한 성장이었다. 그리고 감사 기도였다. 성모님이 나를 안고 하늘로 올라갔던 그 순간과 그다음 날 남편을 일어나게 했던 감격 그리고 영세를 받기까지의 모든 일이 성모님이 준비해 주신 것이라는 사실을 나는 믿었다. 그것을 생각하니 다시 눈물이 흘렀다.

"감사합니다."

내 첫 기도는 감사 기도였고 내가 하느님 옆에 있겠다는 어리광으로 시작되었다.

도무지 내가 누구에게 내 현실에 부닥친 일을 말할 수 있겠는가. 이 세상 누구에게도 할 수 없는 말을 하는 속내 깊은 벗을 얻는 것처럼 나는 영세를 그렇게 인간적으로 풀이했다. 나는 내가 서 있는 공간이 커지는 느낌을 받았다. 말할 수 있는 대상, 때릴 수 있는 대상, 고함치는 것을 들어주는 대상, 통곡을 하면 다 받아주는 대상, 그리고 내 어깨를 토닥거려 주는 대상이 있다는 느낌은 확실했다.

내 손에는 묵주가, 기도서가, 성경이 그리고 찬송가가 들려 있었고 그것은 오랫동안 내 가까이 있었다.

과연 나에게 새로운 삶이 시작될 것인가. 그것은 나도 모르는 일이었다. 성모님이 나를 이끌어 주실 것을 믿는 일. 그것만이 내가 내 인생에 거는 믿음이요, 하나밖에 없는 희망이 될 뿐이었다.

그리고 내가 바라는 것은 그 남자가 영세를 받음으로써 육체적으로 정신적으로 다시 태어나는 일이었다. 순결하고 깨끗한 영혼으로 다시 태어나 하느님의 사랑을 받고, 남을 사랑할 줄 아는 그리고 감사할 줄 아는 사랑의 진정한 의미를 그가 알게 된다면 나는 그와 함께 목숨을 다하여 하느님을 섬길 것이라고 생각했다.

그리고 오직 단 하나, 그 남자가 학교 일을 무사히 해낼 수 있게 되기를 비는 마음이었다. 실수 없이 다른 교수들에게 비난을 받지 않고 학생들에게 전처럼 사랑을 받는 일, 그보다 큰 소망은 없었던 것이다.

아니, 하느님은 반드시 그것만은 해 주셔야 했다. 나는, 아니 우리 가족은 그것만이 유일한 희망이었으며 그것이 성취되면 다른 희망은 접어도 좋을 듯하였다.

하느님이 내 목소리, 내 침묵의 기도를 너무나 또렷하게 듣고 계실 것을 나는 믿었다.

그렇지 않은가. 하느님이라면 적어도 그것은 해 주셔야 했다. 안 해 주신다면 언제라도 하느님의 수염이라도 잡아 끌어야 하는 맨발의 한 가족이 막다른 강가에 서 있다는 것을 알아야 하지 않겠니.

오, 하느님 저를 이끌어 주소서.

암울한 겨울날의 일기

가을학기는 무사히 넘어갔지만 부끄럽고 미안하게 넘어갔다고 말할 수 있다. 직장은 참으로 고마운 곳이지. 나는 그때 학교를 향해 절이라도 하고 싶었다.

그리고 우리는 겨울방학으로 들어갔다. 우리 인생의 겨울 속으로 잠입해 들어가는 위험하고도 공포스러운 삶의 계절이 시작되었던 것이다.

그는 서서히 자신이 옛날의 자신이 아니라는 사실을 알게 되기 시작했다. 말이 줄어들고 행동이 사라지면서 그냥 그대로 누워 있기를 좋아했다. 약도 거부했다. 아무것도 하지 않으려 했다. 나를 괴롭히는 것보다 그것은 더 어려운 일이었다. 너무 많이 먹고 너무 말을 많이 하고 혼자 킥킥 웃는 것보다 보통 어려운 문제가 아니었다. 그의 표정은 싸늘하게 식어 있었다. 살았다고 그렇다고 죽었다고도 말할 수 없는 현실을 희수야, 넌 이해할 수 있을까.

끝도 없이 펼쳐지는 내 인생의 잔혹한 지도는 도대체 어디에서 끝이란 말인지 나는 숨이 탁탁 막혔다. 지구가 둥글다고 했던가. 아마 지구 따라 내 인생도 그렇게 가도 가도 끝없이 둥글게 이어지지는 않았을까.

그러나 아무 표정 없이 누워 있는 그 남자는 불쌍했다.

그는 가난하게 자라 열심히 공부해서 대학교수가 되었고, 단 한 번도 자존심을 굽힌 일 없이 사회에서나 직장에서 오직 능력으로 자신을 알리려고 노력했으며 모든 일에 충실했고 당당했으며 가족을 위해서라면 언제나 리어카라도 끌 수 있는 성실한 사람이었다.

결코 잘 먹지 않고 아니 잘 먹는 일은 사회적 악이라고까지 생각했던 사람, 그리고 자신의 분수에 너무 맞게 살아서 가족을 전혀 기분 안 나게 하는 그런 사람이 왜 저렇게 벌레처럼 되어 세상 가장 초라한 밑바닥에서 침묵하고 있는 것일까.

큰소리칠 때보다 더 불쌍해서 바라볼 수가 없었다. 차라리 그의 손에 두들겨 맞는 때가 더 편한 것이 아니었을까.

희수야, 그는 정상이 아니었어. 사람이 전혀 달라지고 있었던 거야. 다들 자신을 무시한다고 생각하면 정신이 뻥 돌아

버리는 것 같았어.

어느 날 나는 바로 앞에 있는 그에게 평소대로 말했다.

"저 옆에 있는 빗자루 좀 줘요."

별것 아닌 것이지. 언제라도 할 수 있는 일이고 그 사람도 아무 일 없이 빗자루를 주던 사람이었다.

그런데 아니었어. 갑자기 그는 그 빗자루로 나를 사정없이 패기 시작했다.

"내가 네 심부름꾼이냐! 내가 네 종이야!"

버럭 소리를 지르며 사정없이 날 패기 시작했다. 빗자루가 다 부서질 때까지……. 그렇게 그 사람은 무너지고 자기 의지라고는 없는 처참한 몰골이 되고 말았다.

희수야. 나는 나중에 후회했다. 그쯤에서 그를 포기했어도 좋았을 것을. 입술 딱 물고 이제 끝이라고 뒤돌아서도 되는 것을. 그랬다면 나는 더 고생을 하지 않아도 되었을지 모른다.

무슨 춘향이라고 그를 살리겠다는 이념을 가지고 마치 충성스러운 신자가 순교하듯 그렇게 내 운명으로 받아들였을까.

아이들 때문이라고? 아니다. 세상에는 아이들을 몇이나 두고도 자신의 인생을 선택하는 여자도 많은 것이다. 그들이라고 자식을 사랑하지 않겠니? 절대로 그렇지 않다. 미련하지 않고 자신의 길에 도전하는 현명한 여자인지 모른다.

나는 정신 나간 여자였어. 성격이 팔자가 된다는 우스갯소리는 농담이 아닌지 모른다.

나는 그의 노예로서 할 일에 더 열중했다. 그가 즐거워할 일이 무엇인지 목록을 작성하기로 했다. 그 남자가 즐거워하고 기분이 살아나고 뭔가 희망을 가지는 것이 분명히 네 가지쯤은 있을 것이라고 나는 생각했다.

첫 번째는 현재 총장이신 차낙훈 총장님이 알은척해 주시는 것이었다.

두 번째는 오 박사와 친구들이 전과 같이 자기를 봐 주는 것이었다.

세 번째는 자신이 남들에게 필요하다고 느끼는 것이었다.

그다음이 있다면 돈이었다. 주머니에 돈이 넉넉히 들어 있으면 뭔가 든든한 기분이 들지 않을까 나는 생각했다.

말하자면 그의 심각한 우울은 남들이 자신을 다르게 대하며 스스로 소외되고 있다는 그 외로움 때문이었다.

나는 그 네 가지를 성사시킨다는 결심을 했다. 마치 나라를 구하는 구국 정신으로 머리에 붉은 띠를 두르고 철갑 옷을 입고 칼을 드는 장군처럼 말이야. 그를 다시 건강한 한 사람으로 일으키기 위해 부닥쳐 볼 일이었던 것이다. 아니 그를 처음처럼 옛날 그 사람으로 돌려놓기 위해서 나는 두 주먹을 쥐었다.

첫 번째를 해결하기 위해 아주 어렵게 전화 통화 끝에 차 총장님 댁을 찾아 뵐 수 있었다. 의논드릴 일이 있다고 했더니 쾌히 오라고 대답해 주셨던 것이다.

"얼마나 힘이 들어요."

총장님이 말씀하셨다.

나는 총장님께 눈물을 보이지 않으려고 안간힘을 썼다. 무슨 삼류 드라마인가. 훌쩍이며 남편을 봐 달라고 무릎을 꿇는 여자의 모습은 너무나 어디선가 많이 본 장면이 아니던가.

"그래 요즘은 어떠신가?"

남편의 소식을 묻는 총장님에게 사연을 꺼낼 수밖에 없었다. 시간은 많지 않을 것이다. 요점만 이야기하고 나는 빨리 일어서야 한다.

"저……."

나는 말문이 막혔다.

"네, 말씀하세요."

총장님이 그렇게 말을 기다리자 더 말이 나오지 않았다.

"저 심 교수가……."

거기까지 말을 꺼내 놓고 나는 그만 눈물을 참을 수가 없었다. 참으려고 하면 더 안에서 솟구치는 울음이 온몸을 들썩거리게 하는 것이다. 우리는 잠시 침묵 속에 있었다. 총장님도 기다려 주셨다. 나는 이를 악물었다. 그리고 천천히 입을 열기 시작했다.

총장님께 부탁드린 것은 전화였다. 그가 우울 증세가 있어 모든 삶을 포기하려고 해요. 도와주세요. 어렵게 살아났는데 그가 생을 포기하려고 해요.

만약 총장님이 사흘만 매일 그에게 전화를 해서 잘 있냐, 용기를 내라, 자네는 세상에 아직 쓸모 있는 사람이다, 빨리 일을 시작해야 하지 않겠느냐, 뭐 그런 이야기를 부탁드린 것이다.

그렇다. 딱 사흘만. 사흘 동안 하루 한 번만 전화를 해 주면 그 사람은 생기를 회복할 수 있을 것이다.

나는 그런 말씀을 드렸다. 도와주세요.

"그렇게 하지요. 내가 진작 생각을 못 했어요. 안심하고 가세요."

총장님 댁을 나오면서 나는 입술을 깨물었다. 적어도 이렇게 구차하게 살지는 않겠다는 것이 나의 꿈이었다. 나는 이렇게 살리라고는 생각지 않았다. 내 원대한 꿈은 어디로 가서 헤매고 있는 것인가.

지지리도 못나고 어디 한 곳 환한 곳 없이 구겨지고 얼룩진 그때의 심정을 생각하면 그때 자신을 포기하지 않았던 이유는, 아니 삶이라는 것을 포기하지 않았던 이유는 무엇이었을까. 아이들? 아무런 희망도 없는 남편? 아니면 나 자신의 명예욕? 자존심? 뭐였는지 정확하지 않았다.

나는 고개를 오르고 다시 오르고, 맨발로도 오르고 가시

신발을 신고도 오르고, 넘어지고 깨어지고 터지고 부서지고
도 다시 일어나야만 했다.

　보아라. 누가 있는가. 팔순의 시어머니, 세 살 된 딸과 초등
학교 갓 입학한 아이들, 내 불행을 이 세상의 가장 무서운 악
이라고 생각하며 가슴으로 우는 내 어머니 아버지 그리고 누
가 있는가. 모두 약자요, 내가 돕지 않으면 쓰러지는 사람들뿐
이었다.

　희수야, 내가 어찌 나의 삶을 포기할 수 있겠니. 내가 포기
하면 그것은 곧 집단 자살이라는 무서운 범죄를 낳고 마는 것
이다.

　이상하다. 하느님은 어째서 나에게 이런 중벌을 내리셨을까.
내 그릇에 대해서 하느님도 착각을 일으키신 게 분명하다. 나
는 왜 미치지도 않았는지 몰라.

　나는 마치 거지처럼 이 집 저 집 돌아다니며 선심을 구걸하
고 다녔다. 그다음엔 오 박사 댁에, 그다음엔 동네 가까이 사
는 임 교수 댁에 찾아다니며 내 남편에게 제발 좀 알은척해
달라고 구걸을 하고 다녔다. 내 꼴이 얼마나 불쌍했는지 그들
은 내 부탁을 잘 들어주었다. 그들이 알은척하면 내 남편은
세상이 아직도 자기를 버리지 않았다고 믿는다는 것을 내가
알므로 나는 기꺼이 그 선심 구걸을 하고 다녔던 것이다. 내
손에 바가지만 들리지 않았을 뿐 그것은 분명 구걸이었다.

성과는 있었다. 다음 날부터 총장님의 전화, 오 박사의 방문, 그리고 임 교수의 전화 등등 그는 조금 바빠진 모습이었다.

그리고 나에게 자랑을 하기 시작했다.

"총장님이 전화를 주셨어. 빨리 기운을 내서 함께 일하자고 하시네."

그는 흥분하는 것 같았다.

"옛날에도 총장님은 중요한 이야기를 내게 많이 하셨거든. 내가 보고 싶으신가 봐."

총장님의 전화는 기적의 약이었다. 내 처방은 적중했다. 가까운 교수들에게서도 전화가 왔다. 오 박사의 권유였을 것이다.

"선생님들도 나를 빨리 만나자고 하네."

그는 입가에 미소가 살아났고 기운을 모처럼 내는 것 같았다.

그는 요구가 많았다. 이것을 해라, 저것을 하자. 생에 대한 욕망이 일어서는 듯했다. 목욕을 시켜 달라, 새 운동화를 사자, 집에 먹을 것이 있느냐, 사자, 시장을 보자. 그는 서투른 몸짓으로 운동을 하며 땀을 흘리곤 했다. 그나마 희망이 있는 사람에게 나타나는 모습들이지. 그러나 일주일쯤이 지나자 우리 집은 다시 조용해졌다.

그 일주일을 부산하게 보내려고 난 구걸을 하고 다닌 것이다.

내가 부탁했던 사람들의 숙제는 다 끝이 났던 것이다. 그들이 왜 오래 숙제를 풀고 있겠니. 그들은 남편이 점점 통하지 않는 감정 너머의 사고에 머물고 있다는 것을 알았을 거야.

집이 조용한 만큼 그는 더더욱 어깨가 늘어지곤 했다.

희수야, 나는 그렇게 세상 공부를 했다. 이 땅에서 내가 힘이 없어지면 모두가 다 버린다는 사실을. 잊혀진 사람이 된다는 것을. 나는 안다. 애인에게 버려지는 것보다 더 무서운 것은 사회의 집단으로부터 버림받는 것임을.

그래서 나는 더욱 그를 다시 일으켜 보기로 하느님께 약속을 했다.

'도와주세요. 반드시 저 사람을 온전하게 일어날 수 있도록 주님이 도와주세요. 그래야 저도 일어설 수 있지 않겠습니까. 그리고 주님, 제가 그 남자를 포기하지 않도록 절 지켜 주세요.'

알 수 없는 고통의 높이

　희수야! 내 고통의 높이는 도대체 어디까지 오르는지 알 수 없었다.

　이 세상 가장 높은 파도의 높이나 될까. 안나푸르나만큼 아니 히말라야 산맥만큼이나 될까. 나는 이 세상에서 가장 높은 것이 무엇인지 알고 싶었다. 나는 그 높이에 가고 있었다.

　그의 우울 증세는 자꾸만 깊어져 드디어 일을 만들고야 만 거야. 부엌에서 일을 하고 있는 동안 그의 신음 소리를 들었다. 설거지하던 그릇을 던지고 방으로 뛰어 들어갔지. 그는 온몸을 뒤틀면서 괴로워하고 있었다.

　뭘 마셨는지 아니? 쥐약 세 병을 마셨는데 손이 불편하니까 줄줄 쏟으면서 마신 거야.

나는 구급차를 부르고 그를 병원으로 호송하는 과정에서 얼마나 떨었는지 모른다. 우선 자살이라는 단어가 주는 두려움과 처절한 공포가 나를 덜덜 떨게 하였다.

그 남자는 죽지 않았다. 급하게 위세척을 하고 곧장 그는 정신병원에 입원을 했다.

맙소사! 먹었으면 콱 죽어 버리지. 글쎄 안 죽을 만큼만 마셨더라고.

나는 그때부터 정신병원으로 면회를 다니는 신세가 되었다.

별걸 다 하게 만들었다, 그 남자는……. 요즘은 잠을 못 자도 가는 곳이지만 그때만 해도 정신병원은 남들의 이상한 시선을 받는 곳이고 딸들을 둔 부모 입장에서는 결코 가서는 안 되는 곳이었다.

내 인생은 그렇게 망가졌지만 나는 내 딸들을 위해 내가 정신병원에 드나든다는 말만은 듣지 않기로 했다.

그 당시 정신병원 수간호사가 우리 고종 사촌 언니였어. 나는 그 언니에게 부탁을 하고 방 하나를 안내받아 따로 면회를 하곤 했다. 그 정신병원은 10층이었는데 나는 엘리베이터를 타지 않았다. 수간호사의 백으로 비상시에 사용하는 건물 외벽에 붙은 계단을 이용했다. 누구도 볼 수 없는 안전한 방법이었지. 그러나 외벽에 붙은 10층 계단은 아찔하고 무섭고 다리가 아팠다. 그러나 딸들만 가진 내가 그 딸들의 미래를 생각한다면 안보를 철저히 지키고 싶었다. 아이들에게 아무것도 줄 것이 없는데 아빠가 정신병자였다는 사실만큼은 덜어 주고 싶었던 것이다. 감상이었을까. 인생이 덜 아팠던 것일까. 그런 생각이 나를 꽉 붙들고 있었어.

그렇게 그는 정신병원에서 한 달을 있었다. 몸이 붓고 감각도 둔해지고 마치 로봇같이 걷고 있는 그를 보면서 나는 탄식하곤 했다. 아마 약 때문이었을 것이다. 사람 같지가 않았다. 나무토막이 움직이는 것 같은 그를 보면서 인간의 육체가 얼마나 비극적인 소질을 가지고 있는가에 놀랐다.

육체는 달콤하고 서로 말없이 통하고 서로에게 생명의 기름을 부어 주는 기적 같은 것으로 생각할 때도 있지 않았던가. 그것은 형편없는 환상이었던 것일까.

한 달 만에 퇴원하면서 나는 울지도 괴로워하지도 않았다. 전기 고문을 해도 아프지 않을 만큼 무뎌지고 감정이 사라진 나야말로 숨통이 끊어진 나무토막같이 되어 가고 있었다.

집으로 돌아온 그는 모든 약을 거부했다. 역시 말도 없어지고 잘 먹지도 않고 생명 없는 물체처럼 누워 있었다.

나는 그의 증세에 따라 약 처방을 받아야 하므로 때로는 병원을 하루에 두 번이나 다녀야 했다.

"약을 거부하는데 물에 몰래 타서 먹일까요?"

나는 담당 의사이신 곽 박사에게 물었다.

"안 됩니다. 약을 탄 것을 알게 되면 사모님을 살인죄로 몰고 갈 겁니다."

"살인자가 되죠, 뭐."

"용기를 내세요. 지금까지 잘해 오셨지 않았습니까."

곽 박사는 나를 안쓰러워했고 이다음에 남편이 완쾌하면 나의 정성을 말해 주겠노라고 늘 말했다.

나는 차라리 그를 죽인 살인자가 되어 감옥에라도 갇히고 싶었다. 되도록 빨리 모든 것이 망가지기를 바라기도 했다.

그러나 나는 그 이후에도 그를 포기하지는 못했다.

그는 시간만 되면 죽음에 대한 유혹을 받았다. 뭐든 죽음의 도구로 사용하려는 의지를 보였다.

"나 죽을래!"

그렇게 협박하기도 했다. 대책 없는 인간이었다.

밤에는 부엌칼, 가위, 망치, 뭐 그런 것들을 보자기에 싸서 숨겼다가 아침에 풀곤 했다.

밤 2시에 앞산으로 달려가 떨어진다고 온 집 안을 쑥밭으로 만들기도 했다. 달려가고 뒤를 따르고 그렇게 말이야. 그렇게 지쳐 집으로 돌아오면 그는 고요한 물체처럼 앉아 있는 것이었다. 아이들과 어머니는 모두 잠들었으므로 밤사이 아무도 그 난장의 사건을 모른다. 이 남자는 오직 나만 욕을 보이는 거야.

절대로 죽지는 않는다. 꼭 죽을 것처럼만 보이는 것이야. 왜 그때 내버려 두어도 되는데 따라다녔는지 알 수 없는 일이다. 그때 죽었어야 하는데 당신은 결코 죽어서는 안 된다고, 당신 없으면 안 된다고 나는 그렇게 부르짖으며 따라다녔다. 웃기지. 그 남자가 무슨 행운의 열쇠도 아니었는데 말이야.

그렇게 그 남자는 그 이후에도 정신병원에 무려 세 번이나 입원을 했다. 징그러운 일이었다. 지상에 지옥을 복사한 곳이 있었다면 바로 내가 사는 집이었을 것이다.

그 이후에도 문제는 많았다.

정신과 약을 끊으면서 활기를 불어넣어야 하는 것이 그다음에 내가 해야 할 임무였다. 그런데 그것은 너무나 어려웠다. 알지 모르지만 정신과 약을 끊는다는 것은 너무나 어려운 일이다.

분량을 줄이기만 해도 잠을 못 자고 신경질적이 되고 다시 죽음을 시도하고 그리고 거칠어지기도 하였다. 불러서 바로 대답만 하지 않아도 집 안은 수라장이 되었어. 나는 타작 마당의 벼처럼 껍질이 벗겨지면서 그의 양식이 되어 가고 있었다. 심심하면 매질을 했거든. 뼈가 부러지기도 하고 눈알이 터지기도 하고 허리를 밟히기도 하였다.

제정신이 아닌 사람의 행동이니 내가 어느 곳으로 떠날 수 있었겠니. 약은 끊어야 하고 그 사람을 예전처럼은 아니더라도 지금보다는 호전되는 쪽으로 되돌려야 한다고 나는 생각했다. 그동안의 노력이 아까워서도 도저히 거기서 중단할 수 없지 않겠니. 나는 죽도록 참았다. 조울증이란 말 들어 보았니? 그는 두 가지 모습으로 나를 당혹하게 만들었다.

하나는 세상의 모든 일이 자기 힘으로 된다고 믿고 극도의 환상에 빠져 들곤 했다. 국회의원이 된다고 고향을 들락거리고 큰 부자가 될 거라면서 물건을 사들이고 중요한 부처에서 곧 무슨 통보가 올 것이라고 말하곤 했다. 그러다가 어느 순간 목을 접고 누우면 손가락 하나 까닥하지 않고 먹지도 않으며 죽을 생각만 하는 것이었다.

그 두 가지 감정을 오가면서 그는 죽었다가 다시 살아나고 살았다가 죽곤 했다. 그런 상황에서 나는 살아 있지만 살았다고 할 수 없는 흔히 말하는 산 죽음 속에 있을 수밖에 없었다.

사실 집단 자살을 왜 생각하지 않았겠니. 그렇게 지지리 못나게 살려면 차라리 골칫덩어리와 아이들을 데리고 고요히 세상에서 사라지고 싶었다. 그러나 그것은 아이들에게 너무 미안하고 그리고 지금껏 나를 도와준 사람들에게 도저히 할 수 있는 일이 아니었다.

다만 나는 늙고 싶었다. 하루에도 팍팍 늙어서 자연스럽게 죽고 싶었다. 죽어서 아무 땅에나 꽝꽝 묻혔으면. 아니, 한 줌 재도 남기지 않고 내 몸을 태웠으면. 오, 제발 그렇게만 된다면……. 그것만이 그때 나의 강렬한 소원이었다.

나는 그의 기분을 조금이라도 살리기 위해 그의 월급을 모두 그에게 반납했다.

"당신 다 가져. 살림은 내가 어떻게 해 볼게. 주머니에 돈이 넉넉하면 당신 기분 좋지? 그렇게 해. 당신 헤프게 안 쓰니까 주머니에 돈 많이 넣고 있어. 몸도 빨리 좋아질지 몰라."

그는 좋아했다. 그러나 그것도 몇 달 지나면서 타성이 되어 고마워하지도 않고 우울해지는 것도 여전했다. 그 이후 나는 그에게 돈을 받아 본 적이 없었다.

그를 애타게 기다린 적이 있었다
스무 살 때는 열 손가락 활활 타는 불꽃 때문에
임종에 가까운 그를 기다렸고
내 나이 농익은 30대에는
생살을 쫙 찢는 고통 때문에
나는 마술처럼 하얗게 늙고 싶었다

욕망의 잔고는 모두 반납하라
하늘의 벽력같은 명령이 떨어지면
네 네 엎드리며
있는 피 모조리 짜 주고 싶었다

피의 속성은 뜨거운 것인지
그 캄캄한 세월 속에서도
실수로 흘린 내 피는 놀랍도록 붉었다
나의 정열을 소각하라 전소하라
말끔히 잿가루로 씻어 내려라
미루지 마라
나의 항의 나의 절규는
전달이 늦었다
20년 내내 전달을 보냈으나
이제 겨우 떠났다는 전갈이 왔다

이제 겨우 마음을 바꾸려는
이즈음에……

걱정하지 말라

그 시절 내가 오직 의탁한 것은 하느님이었고 하느님만이 나의 말을 들어주는 유일한 분이었다. 아니, 나의 울음을 모두 받아 주시는 분이라고 해야 옳았고 나의 신경질과 욕까지 받아 주신 분이었다.

그때 역촌 성당은 유일하게 내가 울 수 있는 장소였다. 나의 속뜻을 말할 수 있는 어떤 대상도 장소도 이 세상에 없었다. 사람이란 때때로 상처를 키울 수 있는 위험이 있었고 한순간의 위로가 후회를 낳을 수도 있었다.

나는 주로 시간이 나는 대로 성당에 가서 울었다. 때때로는 거세게 하느님께 항변하면서 대들었다.

수고하고 짐진 자들은 나에게 오라 그러면 내가 여러분을 쉬
게 하리라.

　　　　　　　　　　　　　　—「마태복음」 11장 28절

당신은 웃긴다. 자, 나는 당신 앞에 왔다. 어떻게 쉬게 할 것
인가. 나의 고통은 더 높아만 가고 당신을 알고 나서도 계속
지옥 속을 헤매고 있는데 뭐, 쉬게 한다고?

나는 거의 미쳐 있었다. 하느님은 거짓말쟁이고 혼자 잘난
척만 하는 사람이라고 나는 거칠게 대들었다.

그러므로 여러분에게 말하거니와 여러분의 목숨을 위해 무
엇을 먹을까 혹은 무엇을 마실까 또 여러분의 몸을 위해 무엇
을 입을까 걱정하지 마시오. 목숨은 양식보다 더 소중하고 몸
은 옷보다 더 소중하지 않습니까. 하늘의 새들을 눈여겨보시오.
그것들은 씨를 뿌리지도 않고 추수하지도 않을뿐더러 곳간에
모아들이지도 않습니다.

그러나 여러분의 하늘 아버지께서는 그것들을 먹여 주십니다.
여러분은 그것들보다 더 귀하지 않습니까.

여러분 중에 누가 걱정한다고 해서 제 수명을 단 한 시간인
들 보탤 수 있습니까. 여러분은 왜 옷 걱정을 합니까. 들의 백합
꽃이 어떻게 자라고 있는지 관찰해 보시오. 그것들은 수고하지

도 않고 물레질하지도 않습니다. 그러나 여러분에게 말하거니와 그 온갖 영화를 누린 솔로몬도 그것들 가운데 하나만큼 차려입지 못했습니다. 오늘 있다가 내일이면 아궁이에 던져질 들풀도 하느님께서 이처럼 입히시거늘 여러분이야 더욱더 입히시지 않겠습니까. 믿음이 약한 사람들아. 그러므로 여러분은 무엇을 먹을까 무엇을 마실까 혹은 무엇을 입을까 걱정하지 마시오.

————「마태복음」6장 25~31절

하느님은 너무 웃긴다. 나는 견딜 수 없는 적대감 속에서 하느님을 비웃었다. 그래, 도대체 하느님은 언제 내게 먹을 것을 주었고 마실 것을 주었으며 입을 것을 주었단 말인가.

그리고 무엇을 걱정하지 말라는 말인가. 나는 어이가 없었다. 성경에는 '걱정하지 말라'라는 말씀이 500번 이상 나온다는데 그래 하느님은 대책 없이 무엇을 걱정하지 말라는 것인가.

말만 번드레한 거짓말쟁이…….

나는 거의 미쳐 환장한 사람처럼 성모상 앞에 엎드려 예수님을 힐난했으며 당신은 거짓말쟁이라고 외치곤 했다.

나는 숨이 멎을 것 같고 미쳐 버릴 것 같고 자꾸 가난해지고 쌀독은 비어만 가는데도 걱정하지 말라는 것인가. 온몸에 부상을 당하고 인생은 깨어진 쪽박처럼 불쌍해졌는데 그래 걱정하지 말라니 하느님은 무지한 방관자라고 나는 생각했다.

아이들의 불확실한 미래와 언제 어떤 불상사를 당할지 모르는 불안감에 떨고 있는데 나더러 짐 진 자는 쉬게 될 것이라니…… 그것은 새빨간 거짓이었다. 나의 짐은 점점 더 무거워지고 나의 걱정거리는 날마다 쌓여만 갔다.

그 시절 역촌 성당은 내 울음 창고였으리라. 얼마나 울었는지 아마도 3년 가뭄은 해갈될지 모르는 일이었다. 나는 하느님을 향해 손가락질을 하다가도 다시 엎드려 오 주님, 오 하느님, 오 아버지, 오 나의 모든 것을 지배하는 좋으신 천주 하느님…… 나오는 대로 부르며 매달리기를 아마도 천 번은 넘었을 것이다. 아니다. 어찌 천 번만 되었겠느냐. 만 번도 넘었을 것이다.

저를 살려 주세요. 저는 지금 아무것도 없습니다. 사람도 돈도 의지도 남아 있는 것이라곤 하나도 없습니다.

하느님, 죽을 것 같은데 죽지도 않습니다. 하느님의 말씀대로 걱정하지 않아도 된다면 오늘 아니 바로 지금 제게 무엇인가 짚고 일어설 지팡이라도 내려 주세요.

아니면 차라리 절 죽게 하소서. 자살이라는 끔찍한 유산을 제 아이들에게 남기지 않고 아주 자연스럽게 고요히 숨넘어가게 하소서, 주님.

아닙니다. 절 죽게 하지는 마소서. 저는 살아서 제 아이들을 당당히 한 인간으로 키워야 합니다. 그리고 그 남자를 지켜야 하지 않겠습니까.

하느님, 절 용서하소서. 전 죄인입니다. 제가 아는 죄, 모르는 죄를 용서하소서. 알고 저지른 죄를 더 용서하소서. 잘못하였습니다. 잘못하였습니다. 오, 하느님, 잘못하였습니다.

이렇게 엎디어 빕니다. 절 불쌍히 여기시어 이 남루한 제 인생에 빛이 내리게 하소서.

제발, 제발, 하느님. 저에게 무슨 일이라도 일어나게 하소서. 지금은 그 무엇인가에 목이 눌려 숨도 못 쉬고 죽을 것만 같습니다. 어찌 저를 이렇게 버리십니까. 저를 살려 주세요.

그래요, 절 살려 주세요. 저는 살아야 하며 제 가족을 지켜야 합니다.

하느님 약속해요. 절 살게만 해 주세요. 제발 그 남자를 사람 같게만 해 주세요. 아니면 차라리 죽게 하는 것이 어떨까요.

절 지극히 평범하게라도 해 주신다면 저는 영원히 당신의 자녀로 당신을 섬기겠습니다.

나는 울부짖었다. 온 얼굴이 아니라 온몸에 눈물이 흐르고 있었다. 억지였다. 하느님에게 나는 악을 풀고 있었다. 당신이 정말 지푸라기 같은 나 하나의 소망을 이루어 주지 못한다면 그것이 어찌 하느님입니까, 하고 나는 덤벼들었다.

야훼여, 억울한 자의 요새 되시고 곤궁할 때 몸담을 성채 되소사.

—「시편」9장 9절

그것도 믿을 수 없는 말이었다. 요새는 어디에 있으며 영원히 배부른 성채는 도무지 어디에 있는지 무책임한 그 말씀에 나는 화가 치밀었다.

그러면서 나는 믿었다. 나는 그 와중에서도 귀를 기울이려고 노력했다.

'걱정하지 마시오.'

그 말을 다시 입으로 발음해 보고 음미해 보기도 했다.

내일은 그 나름대로 걱정하게 될 것입니다. 하루하루 그날의 괴로움으로 족합니다.

—「마태복음」6장 34절

그런지도 몰랐다. 나는 하루에 눈만 뜨면 내일, 모레, 그리고 한 달 후, 1년 후, 아이들이 성장한 후까지 모두 머릿속으로 그리면서 숨넘어가고 있었는지 몰랐다.

하느님은 오늘 우리가 견딜 수 있을 만큼의 고통만 허락하신다는 말씀을 믿어 봐? 나는 다시 하느님을 의지할 수밖에 더 다른 도리가 없었다. 그래, 무슨 대책이 있을 수 있겠느냐.
나는 더 이상 하느님께 앙탈을 부릴 힘도 사라져 버렸다.

　그리고 한 금언집의 이야기를 떠올렸다.

　밭 하나를 한 번에 바라보지 마라. 큰 밭을 한 번에 바라보
면 언제 저 밭을 다 갈아 내는가 싶어 맥이 빠진다. 도저히 할
수 없다는 생각에 주저앉게 된다. 네가 누울 자리만큼만 봐라.
바로 네 앞만 보고 그곳을 쟁기질하다 보면 어느새 밭을 다
갈아 놓았음을 알 수 있을 것이다.

　그럴지도 모른다. 산 하나를 보면 엄두가 안 나 오르지 못
하지만 앞만 보고 한 걸음 한 걸음 떼어 놓으면 산의 정상도
오를 수 있다.

　내가 너무 먼 곳까지 본 것이라고 일단 생각하였다. 오늘을
살자. 그래야 내가 살 수 있었다.

　오직 다시 하느님을 내 마음 안으로 불러야 할 일만 남아
있었다. 그렇다. 다시 생각해 보자.

　들을 귀가 있는 사람은 들으시오.
　　　　　　　　　　　　　　　　　　　—「마태복음」 11장 15절

나는 다시 말씀에 귀 기울이고 내 마음 안에 그 말씀의 쌀을 가득 담아야 한다고 다시 입술을 물었다.

신앙은 듣는 데서 온다고 하지 않았습니까.
—「로마서」 10장 17절

그래, 듣자. 더 이상 말하기보다 따지기보다 대들기보다 다시 한번 듣자. 나는 울부짖으며 짐승처럼 울다가 다시라는 말에 힘을 주었다. 다시, 다시, 다시, 나는 '다시'라는 출발의 의미를 내 입술로 외치고 있었다.

치유될 가능성이 전혀 없는 중환자를 간호해야 하는 사람도 오늘 하루만 예수님과 함께 사랑으로 환자를 돌보겠다고 마음먹는다면 그렇게 할 수 있다는 믿음이 옳은 방법이기도 했던 것이다. 그렇지 않은가. 오늘이 아니라 앞만 보면서 언제까지 이것을 해야 하나, 그만을 생각한다면 하루하루의 고통은 더 힘겨워질 것이다.

나는 널뛰듯 긍정의 생각에서 부정의 생각을 오르내리며 미친 듯 외치고 절규하고 있었다. 나는 하느님에게 복싱을 하듯 치고 두들기고 냅다 집어 던지고 아우성을 치며 내 감정적 한을 풀고 있었던 것이다.

하느님은 고요히 모든 내 투정을 받아 주셨다. 내 눈물은 거기서도 호수를 이루었다.

> 내 살을 먹고 내 피를 마시는 이는 영원한 생명을 얻습니다.
> —「요한복음」 6장 54절

나는 다시 외친다. 하느님 나에게 당신의 살과 피는 소용없습니다. 나는 지금 당장 내가 살아야 할 밥이 필요합니다. 그리고 영원한 생명도 필요 없습니다. 바로 지금 살 방도를 저에게 주세요. 나는 지금 이상주의라는 허영을 가지고 왈가왈부할 때가 아닙니다. 영원한 생명! 필요 없습니다. 정말입니다. 오히려 영원하게 될까 겁납니다. 나는 지금 당장 한 그릇의 밥이 필요합니다. 지금 당장 해결되는 하나의 방법이 필요합니다.

이상했다. 그렇게 억지를 부리던 내 마음에도 고요히 순종의 마음이 일기 시작했다.

불 속에 든 생명처럼 파닥거리다가 어느새 뭐 어떻게 되겠지…… 그런 생각이 들었다. 네 네 하고 살기만 하면 어떻게 될 것이야, 나는 그런 마음으로 기울어졌다. 나는 안다. 나는 눈물 나는 순종의 감격을 알고 있다. 그냥 완벽하게 엎드려 비는, 하느님께 모든 걸 맡기는 절규와 침묵의 기도의 감격을 나는 안다.

그래요, 오늘 걱정은 오늘만 하겠습니다. 걱정하지 않겠습니다. 네 네 이 불쌍한 인간을 도와주소서. 이 추운 손을 잡아 주소서.

벼랑 위의 생

장기간의 환자를 둔 집에서 가장 먼저 부닥치는 문제는 돈이다.

나도 돈이라는 것에 철저하게 훈련되어 왔었다. 사실 나는 그랬어. 돈이라는 것을 그렇게 중요하게 생각하지 않은, 조금의 과장 없이 말하지만 왜 사람들이 돈이 없는지도 모르는 시절을 산 적도 있었다.

그러나 나는 한마디로 돈을 모르는 멍청이인 대가로 세상의 손에 따귀를 맞았다. 당연하지. 돈이란 늘 어떻게 되겠지 하고 생각한 나에게 그것은 당연한 일 아니겠니.

나는 더 이상 빌릴 곳이 없어졌다. 다시 말하지만 나는 내 친구나 친척, 나와 가까운 사람에게는 결코 돈을 빌리지 않았다.

모르는 사람이었냐고? 물론 그렇진 않았지만 나는 그런 곳마저 한계를 느끼고 말았다.

식구들 밥은 먹어야 하고 아이들의 용돈도 줘야 했다.

나는 환자에게 더 돈을 절약하는 방안으로 우선 지압을 손수 했고 부항 같은 것도 그럭저럭 할 수가 있었다. 내가 할 수 없었던 것은 침이었다. 그것은 의사의 고유 업무였으므로 감히 내가 손댈 수 없는 부분이었다. 그러나 나는 내가 할 수 있는 모든 것을 내 손으로 내 몸으로 해내고 가능한 돈을 절약하는 데 최선을 다했다.

그런데도 돈은 없었다. 환자를 살리겠다고 너무 많은 낭비를 했다. 생각해 보면 불필요한 지출이 많았다. 제대로 먹지도 않은 약들을 이 사람 저 사람 말을 듣고 사 온 것도 잘못이었다. 약값들은 왜 그렇게 모두 비싼지. 지푸라기에도 희망을 건다고 했던가. 나도 그랬다. 누가 뭘 먹고 회복을 했다면 길이 멀어도 돈이 비싸도 들여오곤 했던 것이다. 아, 세상에 좋은 약들은 왜 그렇게 많은지.

나는 돈이 없었다. 가난이 열 손끝에 불을 당겼다.

사람들이 말했다. 빵 장사를 해 보아라. 제과점을 하면 수입이 좋다는 사람도 있었다.

그러나 그것은 제과 기술을 습득해야 하는 애로가 있었다. 나는 시간이 없었다.

꽃집을 하라는 사람, 좋은 그림을 입담 좋게 팔아 보라는 사람, 그러나 어느 것도 내가 할 수 있는 일은 없었다. 나는 바보였으므로.

나는 단 한 번도 돈을 벌어 보지 못했으며 돈을 벌어야 할 이유도 없었다.

나는 기진하고 맥 풀리고 사지가 늘어진 채로 흐느적거리고 있었다. 나는 천치였으므로. 병신 바보 축구였으므로.

청탁 하나 없는 시인의 이름, 그것은 내게 너무나 무력한 권력이었다. 내 글 한 줄이 10원짜리 동전 하나도 되지 못하는 부끄러운 나의 문학은 그렇다고 누구 하나 내 글을 딱히 필요로 하거나 보고 싶은 사람조차 없는 성싶었다.

그것은 뭔가 잘못된 것이었다. 시를 위해 소위 문학을 위해 나는 거의 내 젊은 시절을 바쳤고 대학 시절 나는 유망주 시인으로 희망이 없지 않았던 것이다.

시가 무엇인가.

희수야, 넌 시가 혹은 문학이 무엇이라고 생각하니. 나는 그런 이야기를 알고 있다.

너는 왜 소설을 쓰고 있으며 왜 소설가가 되려고 하니? 그것은 적어도 돈과는 무관한지 모른다. 명예에 대한 유혹은 있을지라도 글로 부자가 되리라고는 누구도 생각지 않을 것이다.

그런데 그때 내가 가진 것은 누구도 알아주지 않는 시인이란 이름밖에는 없었다. 시인의 이름으로는 돈이 되지 않았다.

중학교 1학년에서 마흔에 가까운 시간까지 시를 위해 사랑과 노력을 바쳤는데 내 인생이 쓰러지고 있는데 시는 나에게 아무것도 해 주는 것이 없었다. 나는 그것이 억울했다.

유명한 어느 가난한 시인의 아내가 아팠다. 그는 출판사를 찾아가 어떤 글이라도 쓰겠다고 하고 병원비를 얻어 왔다. 아내는 건강해졌고 그는 다시 훌륭한 시인으로 돌아갔다.

나는 유명한 시인이 부러웠다. 내가 무엇인가를 글로 쓰고 돈을 받을 수 있다면 얼마나 좋았겠니.

희수야, 나는 그때 옷을 벗는 일 외에는 무엇이든지 할 수 있었다.

나는 죽어도 집을 팔지 않기로 했다. 남편과 정성스럽게 가꾼 그 집은 우리의 생명과 다름없는 것이었다. 배를 주리더라도 집만은 지키기로 마음을 먹었다.

그래서 내가 택한 일이 바로 보따리 장사였다. 간단히 말하자면 남자들 양복천을 보따리에 싸서 필요한 집으로 배달하면서 작은 이윤을 남겼다. 집안일을 하면서 남는 시간을 이용할 수 있는 일은 그것밖에 없었다.

큰 보따리를 들고 버스를 타고 무거운 것을 질질 끌면서 어깨를 늘어뜨리고 어느 지인들의 집을 들어서는 기분을 넌 알까. 그 생각을 하면 지금도 피를 토할 것 같아. 나는 지금도 몸에 두드러기가 돋는다.

희수야. 장사는 누구나 할 수 있는 일이다. 장사가 뭐 어떠니. 가게가 없으면 물건을 들고 이동하면서 팔 수도 있는 일이다. 아이들을 생각하면 그쯤은 아무것도 아니라고 나는 생각했다.

그런데 날 못 견디게 하는 것은 지인들의 얼굴 표정이었다. 너 결국 이렇게 되었구나…… 하는 그런 표정.

양복천 하나를 두어 시간 잔소리 끝에 사 주면서 도무지 봐줄 수 없는 동정 섞인 오만의 표정을 보면서 나는 어느 날 그 보따리를 던져 버렸다. 내 가족이 모두 집단 자살의 끝으로 몰린다 해도 그것만은 할 수 없었다.

그리고 나는 내 아이들을 생각했다. 아빠도 성치 않은데 어미까지 이런 천덕꾸러기 장수로 떨어진다면 저 아이들의 장래는 무엇이 되겠는가. 그 생각을 하니 정신이 오싹하며 소름 돋았다.

나는 어느 날 오장육부를 뒤집는 어느 친지의 집을 뛰쳐나와서 집으로 돌아와 그 보따리를 욕조에 넣고 물을 쏟아 부었다.

안녕.

그것은 나의 길이 아니었다.

어머니의 죽음

희수야, 어머니가 죽었다.

'어머니가 죽었다'는 말은 나의 희망이 죽었다는 말과 동의어라고 할 수 있다.

어머니는 더는 기다릴 수 없었을 것이다. 기다려도 기다려도 나는 아무런 기미가 보이지 않았던 것이다.

희수야, 나의 절망과 나의 끝없는 불행은 곧 어머니를 죽음으로 끌고 갔던 것이다.

이 세상 누구보다 내가 이 세상의 꽃으로 피어나기를 원했던 사람, 나의 어머니.

그러나 내가 가장 아플 때 가장 외로울 때 아무것도 아닐 때 누가 봐도 이 세상에서 가장 불행하다고 볼 수밖에 없을 그 시점에 내 어머니는 눈을 감았다.

어머니는 내게 더 이상의 희망은 무리라고 단정하셨을 것이다. 그리고 그 절망감 때문에 어머니는 내 이름을 부르며 눈을 감았던 것이다.

나는 어머니를 용서할 수 없었다. 어떻게 나를 두고 죽을 수 있단 말인가.

나는 처음으로 강하게 자살을 생각했다. 죽을 수만 있으면 행복할 것 같았다. 이 현실로부터 눈감을 수 있는 그런 행운이 내게 오기나 하겠냐만 나는 정말 죽는 어머니가 부러웠다.

어머니가 죽다니……. 나는 내 어머니는 죽지 않는다고 믿고 있었다. 어머니가 그토록 바랐던 나에 대한 소망은 아직 싹도 트지 못하고 있는데, 어머니의 손에 만 원짜리 몇 장 쥐여 드리지도 못했는데, 어머니가 바라던 세상에 의자 하나 마련하지도 못했는데, 아아, 어머니가 죽다니.

나는 다시 하느님을 원망했다. 걱정하지 말라니, 하느님 이래도 걱정하지 말라는 겁니까?

그러나 희수야, 나의 어깨는 가벼웠다.

이 세상에 내게 기대하는 사람은 그 누구도 없었으므로. 홀가분하기도 했다. 막 살아도 될 것 같은 생각도 들었다. 그러나 어찌 막 살아 내겠니. 죽어도 어머니는 내 가슴에 살아 있는데…….

다만 나는 내장이 다 쏟아지도록 울고 또 울었다.
아, 나의 어머니!

애야 오늘은 낮잠이나 자라
가장 편안하고 따스한 곳
자리 잡아 한가롭게 낮잠이나 자라
그래 모두 다 잊어버리고 털어 내고
자라고 쉬라고
고향의 목화솜 이불을
펴 주시는 어머니

어머니의 손은 이승까지 닿아서
내 잠자리 바람이며
소리라는 소리 걱정을 죄 물리치고는
손으로 안 되면 이승까지 막 달려와서
그 가슴으로 바람을 막아서서
애야 오늘은 만사를 잊고
낮잠이나 자라 간절히 바라시는
저 하늘의 어머니.

상처에 피는 꽃

나는 내 인생의 중대한 시점에 서 있었다. 무엇인가를 새롭게 선택하지 않으면 나의 모든 인생은 무너지고 마는 것이다.

나의 인생에서 무엇이 가장 중요하겠니. 그것은 말할 것도 없이 나의 가족이었다. 그중에서도 내 아이들은 내가 무엇을 하더라도 그 어떤 발판이라도 만들어야 하는 것이다.

그렇다고 누가 두 가지를 손에 쥐여 주고 선택하라는 것이 아니었다. 아무것도 없는 빈 허공 속에서 나의 선택은 이루어 져야 했다. 그만큼 어려웠고 그만큼 외로웠고 그만큼 두려웠다.

어려움, 외로움, 두려움, 사실 이런 말은 너무 타성적이다. 그러나 희수야, 내가 그 시절 사용하는 이 단어는 뼈가 부서지는 체험 속에서 얼음의 혹독한 현실을 뚫고 입으로 터져 나오는 말이었다.

그러나 어쩌겠는가. 그만큼 어려우므로 나는 무엇인가 결정을 내리지 않으면 안 되었다.

나는 하루 단식을 결정했다. 단식기도라도 해서 빈손으로 내가 무엇을 해야 하는지 하느님께 물어야 했던 것이다. 그것은 너무나 절박해서 숨도 제대로 쉴 수 없는 그런 경우였다. 하루 세끼를 굶으며 내 가족의 미래를 배불릴 기도를 나는 선택했던 것이다.

겸손 같은 건 내게 사치였다. 나는 매달려야 했고 달라고 나에게 뭔가를 좀 달라고 애원할 수밖에 다른 구원이 없었던 것이다. 뻔뻔해야 했다. 시침을 딱 떼고 안 주면 재미없다는 엉터리 협박을 하느님께 하면서 나는 오장을 토해 내며 기도했던 것이다.

하루 종일 움직여야 하므로 더 많은 단식은 현실적으로 무리였다.

단식을 하면서 나는 다시 무릎을 꿇었다. 까짓 하루를 단식이라고 하느냐고 비웃을지 모른다. 그러나 나는 그때 남들의 열 달 금식과 같은 기분으로 단식기도에 내 지친 육체와 고달픈 마음을 바쳤던 것이다.

"주님, 저를 이렇게 버리십니까. 제발 저를 버리지 마십시오. 제 죄가 어느만큼 됩니까. 남산만큼 아니면 북한산만큼 됩니까.

제가 그동안 울며 두 다리를 구른 것을 생각하면 남산도 북한산도 평지가 되지 않았겠습니까. 주님, 이 땅은 내 눈물로 이미 늪이 되어 버렸을 것입니다. 그러나 이젠 울지 않겠습니다. 전 일어서야 합니다. 일어서서 더 높이 우뚝 서야 합니다.

주님, 저에게 일을 주십시오. 저를 이 세상에 필요한 인물로 만들어 주십시오. 그리하여 내 아이들이 아빠 엄마를 부끄럽게 생각지 말게 하시고 제가 능력껏 일해서 그들에게 꿈을 실현시켜 줄 수 있는 밑받침이 되도록 하여 주소서. 내 아이들이 돈이 없어 그들의 꿈을 중단하는 일이 없도록 간절히 빕니다. 손톱이 닳도록 일하겠습니다. 발톱이 빠지도록 움직이고 걷겠습니다. 전 엄마를 잃었지만 엄마가 되어야 하지 않습니까. 제게 능력을 주시고 내 능력으로 내 가족이 굶주리지 않게 하소서.

제발 그 남자에게도 새로운 삶의 터전을 만들어 주실 것을 믿습니다. 다시 사람이 될 수 있도록, 다시 한 남자가 될 수 있도록…… 제발 다시 그 옛날의 든든한 아빠가 될 수 있도록, 주님.

주님, 기억하십니까. 당신은 건망증 같은 건 없으시겠죠. 제발 이 마음을 외면하지 마소서. '걱정하지 마라.' 저는 다시 이 말씀을 믿겠습니다. 주님 당신은 내 안에 계시고 나는 당신 안에 살게 하소서."

그리고 나는 온 힘을 다해 마지막 기도를 드렸다.

　이젠 날도 저물어 저녁이 다 되었으니 여기서 우리와 함께
묵어 가십시오.
──「누가복음」 24장 29절

　당신의 말씀대로 나의 영혼이 당신의 집에 유숙하도록 우리
가족이 당신의 집에 평안히 유숙할 수 있도록 간절히 빕니다.

　일주일 후 나는 동대문 시장을 갔다. 헌책방을 뒤지는 내
눈빛은 빛났고 내 손놀림에는 리듬이 있었다. 기초 영어 교본
을 다섯 권 샀다. 새 책 한 권 값으로 헌책 열 권을 사서 나는
잰걸음으로 집에 돌아왔다.
　그때부터 나는 영어 공부를 하기 시작했다. 영어 공부라고
는 하지만 활자를 보는 것이 아니라 책만 구경하는 수준이었
다. 설거지를 하면서 지압을 하면서 걸레질을 하면서 그 남자
를 목욕시키면서 나는 여기저기 펼쳐진 영어 책들을 읽어 가
곤 했다.
　그래, 도무지 그것이 말이 되는가. 영어 공부가 그렇게 유행
가 가사 익히듯 된단 말인가. 남들이 알면 모두 내가 드디어
정신에 이상이 생겼다고 말할지 몰랐다. 그도 사실이다. 어쩌

면 그것도 정신이상인지 몰랐다.

그러나 나는 포기할 수 없었다. 새벽 2시, 3시, 나는 일이 끝나면 아무 곳에서나 책을 펴고 앉았다 잠이 들곤 했다. 어느 곳이든 등을 기대면 나의 잠자리가 되곤 했다. 그때 내 모습은 마치 꾹 짜서 던져 놓은 상한 걸레와 다를 바가 없었다. 누구도 마음 써 바라봐 주지 않고 눈만 뜨면 제 앞일에 충실한 내 집의 도구일 뿐이었다.

나는 노예라는 말을 사용하지 않는다. 내 운명에도 내 삶 안에서도 노예는 아니었다. 나는 어떤 대가를 바라는 것이 아니었고 내가 하지 않으면 안 되는 바로 나의 일이었고 내 마음의 방향이기도 했다. 내가 나의 주인이었고 내가 나의 권력이었다.

설령 비비적거리는 꼴찌의 삶 속에서 남루하게 흐느끼며 살더라도 나는 나의 주인이었고 나를 지배하는 자는 오직 주님밖에 없었다. 나는 그것을 믿었고 그 마음을 섬기려 하였다. 그것을 잊어버리지 않으려고 자주 내 손을 들여다보곤 했다. 거칠고 억센 내 손을 보노라면 내 억센 삶이 보이고 나는 온몸이 타올라 더욱 주님을 간절히 부르곤 했던 것이다.

때때로 그런 내 마음의 방향을 날카로운 가위로 싹뚝 잘라 버리고 싶었지만, 아니 나는 자주 가위를 번쩍 들기도 했지만 그 시절 나의 상황 속에서는 내 삶을 고스란히 받아 수용하는 일 외에 내가 할 수 있는 일은 없었다.

　내 믿음에 과연 축복이 있을까. 아예 믿음을 잘라 버릴까. 나의 갈등은 끝이 없었지만 오직 나에게 부여된 선택의 권력은 그래도 하느님을 찾는 일 외에 달리 다른 일은 없었다. 그것이 내가 이기는 길이라고 생각했다. 그것이 내 운명에 도전하는 일이라고 생각했다. 그것만이 나를 손가락질하는 이 세상의 모든 유령들에게 가슴을 쫙 펴고 당당히 서는 길이었다. 그래서 나는 걸레 같은, 몽당 빗자루 같은 나의 삶을 받아들였다.

　내가 서면 남편도 설 것이다. 내가 서면 아이들도 서게 될 것이다. 나는 무엇인가 시작해야 했으며 그대로 무너질 수는 없는 일이었다. 그렇게 손에 불끈 힘을 주었고 그 현실을 순응하였다.

　　나는 믿는다. 나의 변호인이 살아 있음을! 나의 후견인이 마침내 땅 위에 나타나리라.

　　　　　　　　　　　　　　　　　　　　　—「욥기」19장 25절

　나는 든든한 변호인, 씩씩하게 등을 밀어주는 후견인이 있다는 것을 믿는다. 다만 그것만 믿는다. 오직 그 한 가지만 손에 가슴에 온몸에 쥐고 발걸음을 떼어 놓았다.

'간절하면 이루어지리라.' 사무치는 내 희망에 등불을 켜고
나는 일어서려고 안간힘을 썼다.

나는 마흔에 생의 걸음마를 배웠다

희수야, 너는 알겠다. 너도 만학을 해서 늦게야 대학원에 들어가 공부를 하고 미국 유학까지 하면서 공부에 맛을 들여 미래를 생각하기보다 오늘 내가 무엇을 할 것인가를 성실히 생각하고 실천한 너는 알 것이다.

마흔이란 숫자는 도전보다는 포기가 앞서는 그런 나이다. 그런데 너는 마흔을 바로 앞에 두고 새로운 미래의 너 자신을 만들어 나가는 큰 발걸음을 떼어 놓았다.

네가 아이 엄마로 그리고 남편의 사업을 돕는 보조자로 지극히 평범하게 살아오던 중에 어느 날 너는 너 자신을 발견하게 되고 소설가가 되겠다는 결의를 가슴에 품었다.

소설가가 되기 위해서 너는 무엇인가 소설의 구조를 알아가기 위해 대학원에 진학했고 즐겁게 주어진 일을 책임져 나갔다. 과제로 내는 너의 소설은 생각보다 성숙했고 나름의 개성을 갖는 소설가가 될 수 있으리라고 나는 믿었다.

그런데 너는 다시 공부에 욕심을 내고 유학의 길을 떠났다. 가족들에겐 잔인한 일이었지만 너의 가족은 너를 이해했고 너는 가슴에 날카로운 칼을 품었다.

"왜 꼭 그렇게 가야 하니?"

내가 물었을 때 너는 말했다.

"저에게도 가족에게도 다 잔인한 선택이에요. 두렵고 무섭지만 지금을 놓치면 안 된다는 조바심에서 벗어날 수가 없어요. 후회하지 않을 거예요."

그렇다. 후회하지 않겠지. 너를 위해선 좋은 일이며 행운이기도 하니까.

그러나 희수야. 나의 늦은 대학원 진학은 너처럼 고급스러운 선택이 아니었다.

어떤 길이라도 죽을 수밖에 없어서 차라리 공부를 선택한 죽음의 길이 조금 남들 보기에 좋을 것이라는 약간의 정신적 사치가 있었을 거야.

가장 최악의 현실에서 가장 최악의 선택을 했지만 그 선택의 첫 번째 이유는 내 어머니의 한을 풀어 드리는 것과 그리고 내 아이들 때문이었다.

"무엇이 안 되면 어때요. 제가 떠나고 공부를 하고 노력했다는 사실이 저에겐 중요해요, 선생님."

네가 그렇게 말한 것처럼 나도 그랬다. 박사며 교수가 안 되면 안 되는 대로 나는 공부를 하다 죽었다는 세간의 소문이 내 아이들에게 뭔가 보탬이 되리라고 마음먹었다.

그때까지 나는 거의 바보 같은 여자였다고 말하면 될까. 세상이 어떤지, 살아가는 것이 무엇인지, 생계를 이어 가는 일이 무엇인지 너무 모르고 살았다. 남편이 눕기 전 그는 늘 내게 자기 나름의 적절한 생활비를 주었고 나는 그것으로 쌀과 연탄을 사고 그리고 김치를 담그는 것 외에 더 이상 아는 게 없었다.

나는 세상에 관심이 없었고 세상에서 무슨 일이 일어나는지도 모르고 살았다. 내가 언제 대학을 다녔으며 내가 언제 시인이었던가. 내가 언제 꿈이 있었으며 내가 언제 인간에 대한 이상이 있었던가. 내 머리 위에 언제 푸른 하늘이 있었으며 해는 정녕 날마다 떠오르는 것인지 나는 몰랐다.

그래서 길도 두려웠다. 모든 게 낯설었다. 내 집의 공간만이 편하고 불을 끄고 누운 어두운 내 방만이 내가 날 잊을 수 있는 곳이었다.

그렇게 무지하고 철저히 바보가 되고 난 후에 그 남자는 나에게 모든 생활을 양도하고 말았다. 못 하나 가지고 사막에 궁궐을 지으라는 것과 다르지 않았다.

그렇게 나는 천치 바보였다. 환자가 있고 바보가 있고 아이들과 노인이 있는 가운데서 나는 너무나도 무겁고 잔인한 가장(家長)의 모자를 건네받은 것이다.

나는 뭐든 해야 했다. 처음 그 남자의 주치의였던 서 박사의 말이 떠올랐다.

"이제 생활은 아주머니가 책임져야 할 겁니다."

어쩌겠니. 말하자면 죽을 생각으로 나는 그때 대학원엘 들어갔다. 그래도 책과 싸우고 그 책의 결과가 아이들에게도 나 자신에게도 위안이 될 것 같았다.

영어 시험에도 탈락을 했다. 그 지경에 무슨 영어가 갑자기 될 리가 없었다. 나는 남들에게는 부끄럽지 않았다. 다만 나에게 부끄러웠다. 어쩌다가 자신의 생을 이토록 가난하고 쓸모없게 만들어 놓았는가에 대한 나 자신의 환멸이 강했다.

세상에 어쩌라고…… 세상에 어쩌라고 남편이 주는 몇 푼의 돈으로 두부와 콩나물을 사면서 대책 없이 아이만 낳고 살았는지 한심하였다.

나는 내가 미워서라도 이를 악물고 뭐든 되어야 했다. 그러지 않고서는 나를 용서할 수 없었다. 그리고 대학원에 입학을 했고 그때 첫 등록금을 나는 내 지인에게 빌렸다. 온몸이 오그라드는 수모도 겪었지만 나는 언젠가 나에게도 때가 오리라고 입술을 물었다. 다시 입술을 물었다. 또다시 입술을 물었다.

입 가진 모든 것에게 먹을 것을 주신다
그의 사랑 영원하시다
하늘에 계신 하느님께 감사 노래 불러라
그의 사랑 영원하시다

　　　　　　　　　　　　　　　—「시편」 136장 25~26절

　나는 이 말씀을 믿는다. 방황하지 말자. 갈등도 갖지 말자. 나는 말씀을 믿는다. 나는 입술을 다시 물었다. 피가 흘렀다. 나는 그 피를 마셨다.

　그리고 웃었다. 내일을 믿었다. 단지 오늘 할 일에 최선을 다했다.

　그러나 나는 단 한 번도 남들에게 나의 초라함을 보여 주지 않았다. 가끔 외출을 할 때도 가능한 깨끗하고 화려하게 차려 입고 향수를 뿌리며 호사를 부리려 하였다.

　그러지 않느냐, 희수야. 약한 사람들이나 아무것도 가지지 못한 사람들이 몸에 걸치는 옷 따위에 권위의 포장을 표시하려고 하는 것이지.

　희수야, 나는 잘했다. 나는 하느님의 말씀대로 오늘만 생각했다. 오늘의 고민을 오늘 하면서 오늘의 일을 오늘 하면서 내

일은 생각하지 않았다. 만약 내가 내일까지 생각했다면 나는 이미 죽고 없었을 것이다.

나는 하느님을 믿었다. "나를 믿어라." "문을 두드려라, 열릴 것이다."라는 말씀을 하루에 스무 번씩 소리 내어 외쳤다.

나는 늘 울었다. 옥상에서 뒤꼍에서 시장에서 빈방에서 길에서 잠 속에서 내가 우는 곳은 내가 있는 그 장소였다. 그러나 우는 일에도 나는 순응하였다. 예수님도 우셨다는 말씀을 듣는 순간 내 울음이 그다지 비극으로 느껴지지는 않았다.

> 예수께서 예루살렘 가까이 이르러 그 도성을 바라보며 우셨다. 오늘 너도 평화를 얻는 길을 알았더라면 얼마나 좋으랴. 그러나 지금 내 눈에는 그것이 보이지 않는다.
>
> ─「누가복음」 19장 41~42절

예수님도 우셨다. 예루살렘의 운명을 걱정하시며 우셨다. 그 성스러운 도시가 로마에 의해 파괴될 것이 아파 우셨던 예수님의 눈물이다. 나는 안심이 되었다. 우는 예수님을 상상하면 마음이 찢어지지만 그것은 바로 구원이니까. 나는 나의 끝없는 눈물샘에게마저 순종하는 마음이 되었다.

한결 마음이 가벼웠다. 내가 누군가. 성모님이 안아 하늘로 오른 내가 아닌가.

나는 믿었다.

"걱정하지 마라."

나의 무기는 이 믿음 하나뿐이었다.

"입 가진 모든 것에게 먹을 것을 주신다."

나는 궁핍하고 남루한 생의 새로운 발걸음을 떼기 시작했다. 그것은 바로 마흔에 생의 걸음마를 배운 나의 새 생의 출발이었다.

또 하나의 비극이 내 등에 업혀 왔다

희수야, 나는 정말 지지리도 운이 없는 여자인가. 이런 것을 박복하다고 하는 것인가.

시어머니가 쓰러졌다. 방바닥에 넘어지면서 다친 결과는 엄청났다. 그때가 여든한 살이셨다. 그런데 그 고령으로 척추 뼈가 거의 가루가 될 정도의 큰 부상이었다.

나는 그 쓰러진 방을 병원으로 만들었다. 양의사, 한의사가 다 다녀갔지만 별다른 처치가 있을 수 없었다.

거의 온몸을 움직이지 못하는 어머니를 바라보며 나는 어머니가 보이지 않고 내 억척같은 운명의 얼굴이 확대되어 보였다. 징그러웠다.

그러나 나의 운명과 싸우고 덤비고 할 기력이 내게는 이미 없었다. 몸도 마음도 내 운명을 저주하고 발로 차 버릴 수 있는 미력의 울분도 남아 있지가 않았다.

더욱이 이번엔 시어머니가 아닌가. 여든하나. 돌아가셔도 아깝지는 않은 연세지만 어머니는 불행하였다.

아들이 넷이었는데 둘은 이북으로 보내고 두 아들을 두었지만 둘 다 병을 얻어 온전하지 않다. 자존심이 강한 어머니는 딸 하나 없이 두 아들의 병으로 며느리에게도 떳떳하지 못했지만 어른의 고집은 가지고 계셨고 감정 표현을 아껴 자신의 운명에 대한 한탄을 단 한마디도 늘어놓은 적이 없었다.

너무 단정하여 나는 그것이 더 미웠다. 사실 시어머니란 내가 잘해야 하는 부담보다 먼저 함께 산다는 그 자체만으로 견디기 어려운 대상인지 모른다. 그렇다. 시어머니란 그저 같이 사는 게 아닌지 모른다.

전형적인 서울 양반이셨는데 말수를 아껴 사람들과 언쟁이 전혀 없으셨다.

나는 솔직히 그랬다. 남편이 온 집 안을 수라장을 만들며 아귀다툼을 할 때도 시어머니가 돌아가셔 준다면 조금은 짐이 가벼울 것 같은 생각도 했다. 그리고 죄의식에 무서워 곧 고백 기도를 하곤 하였다.

그러나 어머니가 나를 어렵게 한 적은 별로 없었다. 늘 그 남자가 문제였고 그 남자가 너무 힘겨우므로 어머니는 큰 문제가 없다고 생각했는지 모른다. 그런데 그 어머니가 누워 버린 것이다. 치유가 거의 불가능했다.

의사들은 연세가 높아 한 두어 달이면…… 하고 고개를 흔들었다. 나는 처음엔 그깟 두어 달 하면서 가볍게 생각했다. 그리고 음식에 최선을 다했다. 그런데 두어 달이 지나도 아무 소식이 없었다. 암담했다.

나는 그때 다행히 대학원을 졸업하고 새롭게 대학 강의 하나를 얻어 숭실대학교 강사로 나가던 중이었다. 겨자씨만 한 희망을 가지고 밤마다 계획을 세우고 미래를 위해 안간힘을 쏟고 있을 그 무렵 나에게는 다시 불행의 둑이 터진 것이다.

이제 겨우 남편이 정상까지는 아니라도 남 보기에 정상인에 가까울 무렵 다시 어머니가 누워 버린 것이다.

그 시절 어머니를 얼마나 미워했는지 나는 여름밤 벼락이 치면 밖으로 나가지 못했다. 내가 시어머니를 미워한 만큼 벼락은 무서웠던 것이다.

나는 다시 하느님께 대들었다

'나를 놀리시는 겁니까. 당신은 거짓말쟁이입니다. 걱정하지 마라, 짐 진 자는 나에게 오라, 문을 두드려라 열릴 것이다. 이게 다 무슨 말입니까. 하느님이라는 분이시여! 아직도 나에게 짐이 남아 있습니까? 너무 심하십니다. 나는 이 세상의 죄를 모두 진 여자입니까. 그러면 차라리 나를 눈감게 해 주소서.

저를 살리지 말아 주소서.'

그러나 나는 어머니를 영세시켜 드리는 것으로 마지막 영적 선물을 드리고 싶었다. 지금 어머니껜 그것만이 유일한 선물이었다. 영세를 허락하시며 어머니가 말했다.

"그거 받으면 좀 오래 사냐?"

나는 기가 막혔지만 그렇게 되겠죠 하고 대답했다.

그렇다. 나는 어머니가 영세를 받는 것이 하느님의 관심 속에 하루라도 빨리 돌아가실 수 있는 방법이라고 생각했는지 모른다. 하느님은 나를 사랑하시니까, 내가 제아무리 혹독한 운명의 검은 바다에 빠져 허우적거려도 하느님이 나를 사랑하신다고 하니까 하느님은 나의 기도를 들어주실 것으로 나는 믿었다.

어머니와 나의 기도가 달랐다. 그러나 하느님은 어머니의 기도를 들어주신 것 같다. 어머니는 여든한 살에 쓰러지셔서 무려 9년을 누워 계시다가 아흔 살에 눈을 감으셨다. 9년을 단한 번 일어나 보지 못한 채 앉은뱅이처럼 돌다가 돌아가신 것이다.

어머니가 돌아가시면 한 방울의 눈물도 흘리지 않으리라던 나의 작심은 어긋났다. 나는 두 여자의 운명에 무너질 듯 통곡했으며, 20년 넘게 같은 집에서 내가 어머니라고 불렀던 한 여자의 슬픈 죽음에 통곡했다.

그리고 나는 내 어머니의 지루한 생애가 어쩌면 나를 욕 먹이는 것이 아니라 나를 위한 죽음의 유보는 아니었을까 생각하기도 했다. '저것이 나라도 미워하면서 제 슬픔을 견디기나 했으면……' 하는 방탄 역할을 도맡아 죽음을 유보하신 것이라고 생각하기도 했다. 그 생각을 하면 지금도 피가 좋아든다.

말수가 적긴 해도 어머니도 여자였는데 내가 먼저 어머니하고 가슴을 파고들며 울었다면 어떻게 되었을까.

"에미야……."

어머니는 늘 그렇게 나를 부르다가 입을 다물곤 했다.

"왜요?"

"아니다……."

무슨 말이 있겠는가. 그렇게 우리는 한집에서 서로 각자의 불행을 지켜보며 살았지만 어머니가 눈을 감는 그 순간에 나는 외쳤던 것이다.

"어머니 죄송해요. 제가 어머니의 죽음을 기다렸어요."

아는 사람은 안다. 같이 사는 며느리가 가장 시어머니를 미워하지만 가장 사랑하기도 하는 것이다. 미움은 미움만이 아니다. 그 미움 속에 사랑도 같이 자라는 끈질긴 식물, 그것이 인간의 감정인 것이다.

어머니가 돌아가시고 장례식에 내 친구 하나가 부의금이라고 슬며시 내 주머니에 봉투 하나를 넣어 주었다.

"너 혼자만 봐."

나는 스웨터 주머니에서 슬쩍 봉투를 꺼내 보았다. 봉투에는 '축 사망'이라고 적혀 있었다. 누가 봐도 안 될 일이지만 친구들은 내게 위로의 하나로 '축'이라는 말을 사용했을 것이다. 그래, 누가 봐도 '축'이었을지 모른다. 그 말 하나로 내 친구들은 그래, 너 욕봤다, 그렇게 내 어깨를 두들겨 준 것이라고 생각한다. 고맙다. 그러나 내 어머니는 제발 좋은 세상에서 평안히 계시기를 빈다.

갈대밭에 간다면
입은 없어도 온몸으로 우는
벗은 갈대밭에 간다면
그것도 마음에 차지 않아서
철썩철썩 제 몸 치고 우는 바닷가
허옇게 뼛가루로 나부끼는
파도 앞에 선다면
아 그들과도 영영 말이 통하지 않는다면
무슨 연유로 웃고 있는 나무 장승 하나
다짜고짜 마주하며
가슴이나 두들겨 본다면
모서리 닳은 두 어깨를 흔들어 본다면

그렇지 그것들도 나와 상관없는
먹통들이라면
어느 한적한 마을 입구에
높이 서 있는 솟대 위에
이 세상 가장 초월자로 유유히 앉은
한 마리 오리로
나도 자리 잡고 만다면……

다시 부는 바람

첫 수필집을 내어 주겠다는 출판사가 나타났다. 물론 나를 아끼는 선생님이 나의 수필이 진솔하니 내어 보라는 권유를 그쪽에서 받아들인 것이다.

그간 어쩌다가 청탁받은 원고가 대부분이었고 내가 울고 싶을 때 기도하고 싶을 때 내 눈물을 내 기도를 대신한 원고들이 있었다.

1979년 2월 15일이 초판 일자로 되어 있다. 제목을 '다시 부는 바람'이라고 했다. 대학원을 입학하고 난 후에 조금씩 내 생활의 변화가 오고 있는 것은 확실했다. 그래서 내 인생에 다시 바람이 불어 달라는 소망이 그 제목에는 담겨 있기도 했던 것이다.

그 무렵 두 번째 시집 『겨울축제』도 나오게 되어 나에게 조금은 새바람이 불 듯한 예감도 없지 않았다. 『겨울축제』에는 내 인생이 제아무리 겨울이었다 해도 그 겨울을 축제로 이끌어 나가겠다는 내 의지가 담겨 있었다.

『다시 부는 바람』은 초판 3000부가 나가고 2000부 재판을 찍는 행운을 얻었다. 그것이 끝이었지만 첫 수필집으로 그나마 감사한 일이라고 생각했다.

수필집 후기의 첫머리에는 이렇게 쓰여 있다.

우리는 모두 가난한 기도자입니다. 나는 당신에게 기도자의 가장 가까운 이웃으로 살기를 기꺼이 응답합니다.

그리고 그것을 나의 최대의 오만으로 생각할 것입니다. 가난하고 보잘것없는 사람끼리, 고통 없는 풍부함이 오히려 시련임을 아는 사람끼리 이웃이 되어 우리들의 유약하고 짧은 기도를 굳세게 이어 나가고 싶습니다.

여기엔 누구도 불청객이 아님을 당신은 아시지요.

물론 내 손에 현금이 따뜻하게 쥐어졌다는 기억은 없다. 경제적으로 도움이 되지 않았다는 것이다.

그러나 후기에 밝혔듯이 가난하고 마음 상한 사람들끼리의 이웃은 그때나 지금이나 내 글에서 말하고자 하는 큰 테마일 것이다. '가난한 기도자'라고 후기의 제목을 밝힌 것은 지금 생각해도 가상한 마음이 든다. 그때 내가 얼마나 절실했는지 넌 알 수 있을 것이다.

돈이 되지 않은 것은 서운하지 않았다. 내 글이 세상에 알려지지 않은 초보 입장에서 재판이라는 말 자체만도 나를 흥분시켰고 내게도 이젠 더 맞을 벼락은 없을 것이라는 예감이 나를 행복하게 했다.

첫 수필집이 나왔을 때 나는 그 책을 보고 또 보면서 그야말로 다시 내 인생이 시작하고 다시 부는 바람이 나의 상처와 불운을 깨끗이 날려 보내기를 얼마나 기도했는지.

뭐든 처음은 흥분이 있다. 첫사랑, 첫 입학, 첫 시집, 첫 소설, 처음 가 본 성당, 그리고 첫 여행, 그렇게 처음이란 이슬 냄새가 나는 법이지. 상큼하고 두근거리는 연분홍 마음이 그 수필집에도 분명 있었다.

나는 지금도 그 첫 수필집을 내가 가장 귀하게 생각하는 시집 옆에 두었다. 그 책은 그 이후로도 나에게 많은 행운을 가져다준 책이 되었으므로.

희수야, 병이란 매우 잔인한 폭군이었다. 누구보다 자존심 강하고 독하다는 그 사람도 병이라는 육체적 침략에는 무릎을 꿇을 수밖에 도리가 없었다.

더욱이 오랜 환자들이 누구나 가지는 오해와 곡해의 성격 변화는 견딜 수 없는 또 하나의 불행이었다.

그러나 어쩌니. 나는 그에게 일방적인 아내, 일방적인 어머니, 일방적인 보호자로서 그의 총천연색 성격으로 일어나는 모든 결과를 받아들여야 했다.

병은 조금씩 호전되었다. 그는 혼자 걸었고 혼자 버스를 타고 혼자 밥을 먹고 혼자 학교를 갈 수 있었다. 이제야 완전히 나았다고 말하는 사람들이 많았다.

그러나 세상은 속일 수 없는 법이다. 그를 가까이에서 보는 사람들은 그 남자가 아직도 신체적으로나 정신적으로 완전하지 않다는 것을 알았다. 아니 완전이라니. 내적으로 큰 문제를 안고 있다는 걸 아는 사람은 알고 있었다.

그것은 누구보다 내가 잘 아는 일이다. 오래 잠복된 병이 어떤 표정으로 나타나는지 나는 너무나 잘 안다. 그의 눈빛의 아주 작은 변화에도 그의 기분을 알아내고 그의 표정 하나하나에서 그의 정신적 변화를 알아차렸다. 나는 그의 자동 센서처럼 그이의 모든 것을 아는 오직 하나의 인간이며 또한 기계였다. 그는 약자였고 보호를 받는 사람이었는데 그는 나를 제압하고 있었다.

그 남자가 쓰러지고 병이 호전되고 그리고 학교를 가기 시작하고 퇴직을 할 때까지 아침마다 넥타이는 내가 매어 주었다. 그는 손이 불편했으므로. 나는 넥타이를 매는 데 선수가 되어 있었다. 그러나 선수도 때로는 길게 짧게 매어지는 법이다. 그는 그것을 참지 못했다. 몸이 불편하거나 학교 일이 시원치 않으면 그 성질은 두 배로 뭉친다. 소리를 치고 넥타이를 풀어 던지고 학교를 가지 않겠다고 떼를 쓰고 물건을 집어 던지고 두 손으로 나를 휘두르기도 했다. 그래도 나는 다시 입술을 물고 한쪽 볼이 벌게 가지고 넥타이를 매어 주었다. 원 세상에 이런 일이 어디 있니.

그렇게 달래고 달래어 학교를 보냈다. 나는 파죽음이 되었다.

"씨팔……."

학교 가는 그의 뒷모습에 욕설을 퍼부었다. 그래도 내 울분은 온 집 안을 넘실거렸다. 속이 부글부글 끓었다.

그때쯤 학교에서는 인사이동이 있었다. 차례대로 하면 경상대학에는 그 남자가 학장이 될 차례였다. 아니 차례는 이미 지나 있었다.

그래도 살아났다는 그 하나로 그는 만족할 수 없었다. 학장을 함으로써 인간적 패배감을 복원하고 싶어 했다. 그의 절실한 욕망이, 그 마음이 안쓰러웠다.

학교에서도 두 가지로 의견이 나뉘었다. 그 정도면 할 수 있다고 보는 사람과 아직은 안 된다는 사람도 있었다. 물론 안 된다는 사람이 훨씬 더 많았지.

나는 고민을 하다 총장님을 찾아갔다. 얼마나 마음을 떨었겠니. 그분 댁의 골목길에 두어 시간을 서서 갈까 말까를 수천 번 생각하다 나는 초인종을 눌렀다. 손이 발발 떨렸지.

발끝이 얼어붙는 것 같았다. 총장님이 웬일이냐며 잠시 들어오라고 했다. 예의에 어긋나는 줄 알지만 나에게는 너무나 절박한 일이었다.

"총장님, 심 교수 학장 되기 어려울까요?"

총장님은 대답이 없었다. 나는 매달렸다. 하루라도 시켜 달라고 그리고 안 되면 물러나게 해 달라고……. 물론 눈물 때문에 말을 잘 잇지 못했다.

"순서는 지났지만 그것은 학교에서 결정하는 것이고 총장 마음대로 하는 것도 아니잖아요. 마음은 잘 알겠어요. 신 선생도 잘 알 거예요."

그 집을 나와서 나는 거의 쓰러지듯이 골목의 벽에 기대어 통곡했다. 왜 이렇게 내 인생이 비참하게 되어 버렸는지…… 왜 이렇게 구걸하는 일이 내 임무가 되었는지. 그러나 나는 내가 무릎을 꿇는 일이 있더라도 그에게 학장이라는 이름을 얻게 하고 싶었다. 그는 정상이 아니었지만 그에게도 명예욕이 있었다.

며칠을 마음 졸였다. 그 며칠 새벽 기도에서는 그가 학장의 이름을 얻는 데 매달렸다. 학장이 되면 그의 거친 행동들도 조금은 부드러워질 것이 분명했기 때문이다. 하느님이 도와주셨다. 그리고 그는 학장직이 큰 무리는 없다는 사람들에 의해서 학장이 되었다.

사실 그 단과대학 학장이 무엇이겠는가. 그것은 아무것도 아니다. 그러나 희수야. 그 남자에게는 상당한 무엇이었다. 대통령에 비유하겠니. 그는 학장이 자신의 신분 회복이라고 생각하고 있었어.

어쩌면 대통령, 총장, 뭐 그런 것보다 그에게 학장은 자신의
자존심을 회복하는 왕관이기도 했던 것이다. 그러나 걱정은
많았다.

나는 그 남자가 물가에 내놓은 아이 같았다. 과연 학장직
을 할 수 있겠는지는 나도 몰랐다. 걱정이 하늘을 찔렀다. 실
수를 해서 망신을 당하면 차라리 안 하는 것보다 못한 것이었
다. 나는 고민했지만 그를 밀어주어 함께 학장을 하는 기분으
로 그를 돕기로 했다.

특히 그는 병에 의해 망가진 기분을 조금은 회복한 느낌이
었다. 그 남자에게도 사회적 지위에 대한 욕망이 죽지 않고 있
었던 거야.

나는 그러나 그에 대한 조바심의 열병이 그치지 않았다. 학
교에서 무슨 실수라도 저지르지 않나 하는 조바심이 2년 내내
계속되었다. 나는 그 2년 동안 그를 왕처럼 섬겼다. 몸이 나빠
져서 혹은 마음이 나빠져서 못 하겠다고 드러눕기라도 할까
봐 전전긍긍하며 그를 섬겼다.

어느 날은 내가 조금 소홀했더니 학교를 안 나가겠다고 어
린애처럼 떼를 쓰기도 했다.

아무리 가슴 터지는 일이 생겨도 나 혼자 처절하게 삭여 내
곤 했다.

그가 누우면 내가 더 힘드니까……. 그래서 그 2년은 오히

려 그의 좋은 기분 때문에 다른 시기보다 넘기기가 쉬웠는지 모른다.

괴로운 일이지만 그는 2년의 임기를 큰 실수 없이 마쳤다. 학교에서 전화가 오면 가슴이 철렁 내려앉기도 했지만 그는 약간의 기분 상승세로 2년 동안은 병원 가는 일이 줄어들었다.

그 잠복된 병이야 어찌 다 말할 수 있겠니. 나는 가끔 오래 병을 앓는 사람들의 아내들을 본다. 그들은 거의 죽은 사람의 모습을 하고 있었다.

나는 그 안이 너무나 잘 보인다. 그 가슴 썩는 냄새를 나는 안다. 그 피투성이의 고름 솟는 가슴살을 안다. 몇 번이고 죽고 다시 죽는 그들의 절망을 안다. 누구에게도 쏟아 낼 수 없어 소나기 펑펑 내리붓는 길에서 홀로 소리치는 그 호곡 소리를 나는 안다. 나는 안다. 소리 없는 총이 있으면 쾅 하고 쏘아 버리고 싶은 내면의 용광로 같은 광기를 안다. 그러다가 모든 걸 꿀꺽 삼키며 입 닫는 그들의 눈물겨운 침묵을 안다. 나는 그 처절하고 아프고 외로운 침묵을 안다. 다 안다. 다 알아.

병자보다 간호가 더 힘들다는 말, 쉽게 하는 이야기다. 그러나 그것은 해 보지 않은 사람들은 모른다. 그것은 정말 몰라. 몸의 질병은 반드시 정신을 해친다는 진리를 나는 배웠다. 몸이 오래 병을 지니면 정신도 바르지 않아 삐뚤어지지. 대화가 어긋나. 진실이 통하지도 않아. 오해라는 긴 강이 그곳에는 범

람하는 것이다.

　희수야, 그러나 하느님은 살아 계셨다. 나에게도 조금씩 감
격의 날들이 오고 있었다.

백치애인의 부활

1988년 올림픽이 끝난 10월 나는 산문집 하나를 펴냈다. 바로 『백치애인』이다. 『백치애인』은 첫 산문집 『다시 부는 바람』에서 작은 부분을 차지하고 있는 아주 작은 수필이다.

그것이 화제가 되었다. 중고등 여학생들의 입소문을 타고 『백치애인』은 다른 저자의 이름으로 세상에 떠돌고 있었다.

백치애인이라는 동아리가 생겨났을 정도였다. 슬픈 사랑의 이별을 하고 소록도에 간 누군가가 쓴 글이라고 오도되어 『백치애인』의 작가는 아무개라는 기사가 여기저기에서 나왔다. 방송에도 연이어 『백치애인』이 아무개 것이라는 보도가 나오기도 했다.

그리고 나는 바로 문제의 『백치애인』을 표제로 산문집을 낸 것이다.

무엇을 기대한 것은 물론 아니다. 그 산문집을 누가 선뜻 내 주려고도 하지 않았다. 그런데 그것이 서울을 시끄럽게 했다. 아니, 지방 어디에도 『백치애인』을 모르는 여학생이 드물었다.

베스트셀러가 된 것이다. 나는 그것을 가지고 내가 꿈꾸던 작은 것을 이루었다. 작가라는 이름으로 번 돈을 어머니 무덤 앞에 내놓을 수 있었기 때문이다.

그러나 『백치애인』뿐만이 아니었다. 후속으로 내놓은 『물 위를 걷는 여자』는 100만 부 이상이 팔려 나갔다. 영화와 드라마로도 만들어졌다.

나는 모든 경제적 부채에서 풀려났다. 그리고 남편에게 자동차와 운전기사까지 선물했다.

생각해 보면 그런 선물을 받아야 할 사람은 나 자신이었는지 모른다. 그러나 세상살이는 늘 그렇다. 주는 사람만 주는 법이다.

그 사람이 살아 주었다는 것에 어쩌면 그만한 선물은 주어야 한다는 생각이 더 컸을지 모른다. 그래, 그는 내 남편이었으니까.

그 남자의 생명 하나를 연장하기 위해 내가 겪어야 했던 수많은 아픔과 상처들을 생각하면 모자라는 선물인지도 모른다.

그의 생명이 내 불행이었는지 복이었는지 그것은 계산할 일이 아니다. 그러나 내가 나의 운명을 버리지 않고 학대하지 않고 받아들인 그 못난 사랑 때문에 나는 하느님께 보상을 받았다고 생각했다.

그렇지. 나는 보상을 받았다. 그러나 희수야. 너도 잘 알지만 나는 그 몇 권의 책으로 부채를 다 갚고 나름으로 부자가 되었었다. 아이들 학교도 보내고 결혼도 시키고 강남에 집도 새로 샀다. 그런데 그것이 나에게 행운만은 아니었다.

문단에 내가 대중작가로 알려지면서 각종 상에서 순수시에서 나를 떠밀어 내리려고 했다. 내가 어려울 때 탁 죽고 싶던 내 기막힌 고난의 시절에 단 한 번도 아는 척하지 않던 사람들이 내가 방송 출연이 잦다며 대중적 베스트셀러 작가라고 비아냥거렸다.

나는 도적질을 한 것도 아니고 그냥 열심히 살았을 뿐이다. 자의 반 타의 반 책수를 늘린 것은 잘못인지 모른다. 그때 해적판도 나오고 해서 내 이름이 인쇄된 책인데 나도 모르는 책들이 무려 10여 권은 되었다. 고소를 한 적도 있고 전화를 걸기도 했지만 대응 방책이 없었다.

다 지나간 이야기다. 나는 지금껏 그 대중작가 이미지를 벗으려고 죽을 힘을 다해 열심히 시를 썼다. 그리고 나는 지금 누구에게도 부끄럽지 않다. 나는 나의 시를 믿기 때문이다.

내 꽃밭에 무지개 서다

1992년 나는 문학박사 학위를 받았고 바로 평택대학 교수가 되었다. 지방대학이었고 야간이었다. 처음엔 갈등이 있었다. 지금은 큰 대학으로 자리를 잡았지만 그 시절 나는 마치 유배지로 떠나는 심정으로 고속도로를 달렸다. 그러나 국어국문과를 새롭게 만든다는 사실에 의욕적으로 그 학교를 가게 되었다.

그때는 피어선이라는 대학 이름이었다. 가족들은 반대를 했다. 멀기도 하고 야간이었고, 서울에 있는 대학의 꿈을 더 지켜보자는 것이었다.

그러나 그즈음에 서울의 한 대학에 이력서를 내고 발탁되지 못한 허탈감과 인간적 갈등이 서울에 정을 떼게 했다. 서울이 싫었고 멀리서도 바라보고 싶지 않았다. 상처가 깊었다. 그래서 멀리 가고 싶은 마음도 작용했는지 모른다.

지방에서 조용히 내 시간을 가지고 싶은 생각도 들었다. 실지로 나는 오랜만에 조용히 이른바 내 시간을 가질 수 있게 되었다.

그때 만난 국문과 1기생들은 나와 매한가지로 표정이 무겁고 마음을 학교에 붙이지 못하였다. 그러나 나는 지금도 그 첫 번째 제자들을 만나고 사랑하고 그들을 믿는다. 나와 함께 지하 강의실의 형광등불 아래서 다지던 각오와 약속을 잊지 않고 있기 때문이다. 우리는 모두 학교를 사랑하게 되었고 자신들의 인생을 성실히 살아 내는 현명한 시민들이 되었다.

일주일에 한 번 기숙사에서 잤다. 집과 멀리 떨어져 있다는 것은 미묘한 감정의 바람을 일으킨다. 나 자신에게로 감정이 몰입된다. 늘 언제나 남편과 아이들에게 못처럼 박혀 있던 내 시선이 나 자신에게로 모아지는 것이다. 내가 얼마나 불안하게 살아왔는지 내가 얼마나 비여성적으로 살아왔는지 보이기 시작한 것이다. 갑자기 도수 높은 돋보기를 쓴 사람처럼 나의 감정적 세포까지 이상 현상으로 세밀하게 보여 당황스러웠다. 나 자신이 너무나 똑똑히 보이는 감정적 흔들림을 부추겨 안고 잠을 청하곤 했다.

서울로 가고 싶지 않았다. 그래서 서울을 가는 나의 자동차가 시속 50킬로미터였다면 서울을 등지고 평택으로 달리는 자동차는 시속 150킬로미터였다.

나는 서울의 집 앞에서 오래 서 있곤 했다. 가슴이 막막했다. 차라리 거리에 쪼그리고 앉아 잠을 청하고 싶은 생각도 들었다.

남편과의 감정은 그 시절 늘 불안하고 서로 등을 지고 있었다. 그러나 마음은 그렇게 무겁게 짓눌리는 상태에서 몸은 집으로 달리고 집에 도착해야만 마음이 편했다. 극심한 모순이 나를 괴롭혔다.

평안한 남자가 어느 따뜻한 방에서 나를 기다렸으면 하는 생각도 했다. 아버지 같은 남자, 성모님 같은 남자, 그래 내 어머니 같은 남자가, 나의 모든 감정을 묻지 않고 먹이고 잠재우고 등을 토닥거리는 남자가 있는 방으로 문을 열고 싶었다. 그런 남자의 가슴속으로 무너지고 싶었다.

걸레가 다 된 내 감정과 몸을 눕힐 수 있는 남자가 세상에 있기나 한 것일까. 그런 황당한 꿈을 품고 나는 늘 고속도로를 달려 집으로 들어가곤 했다.

5월의 평택은 하얗다. 어둠 속에 배꽃이 만발하면 눈의 나라에 온 것 같은 생각도 들고 배꽃 하나하나가 등불을 켜고 나를 마중하고 있다는 느낌도 들었다. 아름다웠다. 나는 어둠 속의 배꽃을 바라보며 많은 위로를 받았다. 혼자 배밭에 오래 서 있었다. 어둠이 내리는 배밭은 환했다. 그러나 나는 마음을 돌려 서울로 가야 했다. 서울, 서울, 그곳으로 가야 했다. 발걸음이 느렸다.

고속도로에 비가 내린다
자동차 안에서도
두 발이 젖는
자정의 귀갓길
시속 50킬로미터의 느린 행보가
비틀거린다
집을 향하는 상행선의
마음은 시속 5킬로미터
안성휴게소에서
내키지 않는
커피를 느리게 마신다
네가 알다시피
이대로 한밤을 길에서 지새더라도
당도하고 싶지 않은
서울의 어둠이 가까워 올 때
돌아 돌아 늦게 도착하기 위하여
분당의 16층 네 집 불 켜진 창을 바라볼 때는

더 세차게 비가 내렸다
잘 자! 내게 남은 희망을 네 창으로 모조리 던져 주고
돌아설 때
서울의 어둠은 바로 내 앞에 있었다
그때 갈비뼈 하나라도 뽑아
탕 하고 나를 향해 방아쇠를 당기고 싶었다

등 푸른 여자

평택대학 교수가 된 것은 나에게 여러 가지 의미가 있었다. 자유라는 낱말을 나는 그때 배웠다.

진저리 나게 환자 옆에 살다가 대학교수라는 미명 아래 하루 이틀쯤은 자고 들어갈 수 있었거든. 월급을 받는 것보다 훨씬 좋았다. 첫날 외박을 하는데 잠자는 시간도 아까웠다. 나는 창을 열어 놓고 학교 옆 논과 나무들을 바라보았어. 불빛에 보이는 것은 나무와 논들밖에 없었으니까.

그때만 해도 그 대학은 황량한 들판에 있었다. 그래도 나는 혼자 잠든다는 것이, 혼자 있는 것이 너무 좋아서 마치 신혼여행을 온 신부처럼 황홀하고 흥분되었다.

세상에 이렇게 좋을 수가……. 나는 잠도 안 자고 책을 읽고 창밖을 보고 시도 쓰고 공상도 하며 밤을 지새웠다.

그리고 나는 오래 침묵하고 있었다. 그냥 앉아 있는 것이 좋았어. 그동안 보이지 않았던 내가 보이기도 했다. 나를 생각하는 푸른 시간의 명상이 나를 행복하게 했다.

내 연구실 그리고 나 혼자 있는 방, 이런 것들이 꿈만 같았다. 많은 식구들 속에서 얼마나 내가 꿈꾸던 것인가. 그땐 왜 혼자 있는 시간을 그토록 원했는지. 그것은 여왕이 되는 일보다 내게는 어려운 일이었으니까. 숨통이 확 트이는 자유를 나는 그때 만끽했다.

한번은 새벽에 산책을 나갔다. 이른 새벽인데 농부들이 논에서 일을 하고 있었어. 팔을 걷어붙이고 허벅지를 다 내놓고 일을 하고 있는 그 농부들을 보면서 나는 이상하게 마음이 흔들리기 시작했다. 잊어버리고 있었던, 나한테는 없다고 믿었던 까마득하게 지나간 그 욕망이 물컹하게 가슴에서 만져지는 거야.

그때 나는 쉰이었다. 어린 날에는 쉰은 성욕과 전혀 무관한 나이라고 생각했었다. 나는 나에게 놀랐다. 남자라면 누구든 상대가 될 수 있다는 비릿한 생각이 한동안 나를 괴롭혔다.

까마득하게 죽어 누웠던 여성성이 살아나는 놀라운 변화에 나는 두 손을 떨면서 서 있었다. 그런 여자가 거기 있었다. 몸이 말하는 여자, 몸이 외치는 절규를 나는 거기서 경험했다.

오래가지는 않았다. 그러나 그 시절의 한 토막인 내 가당찮은 감정이 잊혀지지 않고 가슴에 남아 있다.

지금 생각해도 나는 놀라워. 그러나 그것도 생각해 보면 자연스러운 감정이었을 거야. 근데 그 마음을 누구에겐가 들키지나 않을까 나는 조바심을 했다. 무슨 큰 죄라도 짓는 것 같은 두려움이 날 붙잡고 있었다.

그 시절 참 잘 보냈지. 어떤 생각이든 키우지 않으면 사라진다는 것도 알았어. 곧 그런 감정은 내 바쁘고 정신없는 생활 속으로 묻혀 들고 말았다.

그러나 그것은 아주 중요한 감정이라는 것을 나는 알아. 살아 있는 증거이며 내가 다시 육체적으로 정신적으로 살아나기 시작했다는 불꽃이라고 나는 생각했다.

하느님도 이 생각만은 용서하셨을 것이다. 여자는 때때로 한순간의 열락에 생을 던지는 수도 있다. 어리석은 것이지만 인간적인 그런 감정……

이제 다 흘러갔다.

희수야. 나는 지금 너의 젊음이 부럽지 않다. 사람들이 젊음에 집착하는 것을 보는데 나는 그렇지 않아. 지금 내가 늙어 있는 것이 좋아. 늙어 포기도 할 줄 알고 혼자 있는 시간을 잘 데리고 살 줄도 알고 누군가를 너그럽게 용서할 수도 있고 늙은 것이 편안할 때가 많아.

"아직도 선생님은 열정이 펄펄 끓어요."

네가 말했다만, 내 열정 많이 기죽었다. 기운이 없어. 그러나 내 시에 대한 욕망은 두 손에 힘이 풀릴 때까지 힘주어 쥐고 있고 싶다. 깊고 깊은 울림이 있는 고요의 늪 같은 그런 시를 쓰고 싶다.

그래 나는 늙는 내 모습이 좋고 늙어 가는 내가 편안하다. 격렬함과 분노와 절규가 다 녹아내리는 고요한 그런 시간, 지금이 나는 좋아.

푸른 하늘 위로 흰 나비 날아오르다

1999년 12월 15일 그는 다시 입원을 했다. 앞으로 5개월 정도가 그의 생명의 한계라는 진단을 받았다.

그에게는 물론 비밀이었다. 그러나 우리는 치료의 한계선까지 가 볼 양이었다. 병원에서는 집에서 조용히 요양을 하는 편이 좋다고 했지만 어떻게 그렇게 집에 앉아 있겠니.

담당 의사에게 우리는 매달렸고 또다시 검사에 검사를 해가며 병원 생활을 끌었다.

'검사'라는 말은 듣기만 해도 지긋지긋한 말이다. 혈액 검사, 간 검사, 심장 검사, 뇌 검사, 온통 검사, 검사를 하며 결과만 기다리는 것이 병원 생활이었다.

정작 치료는 할 수도 없었다. 이미 치료는 불가능한 상황이었다. 그러나 남편은 병원이라는 것이 치료하는 곳이므로 병원에 있어야 한다고 고집을 피웠다. 그리고 그는 몇 개월도 남지 않았다는 것을 모르고 있는 형편이었으니까.

우리는 2000년의 새 아침을 병실에서 맞았다. 기분이 좋지 않았다. 2000년이 온다고 세계는 온통 축제로 불꽃놀이가 한창인데 병원에서 웅크리고 앉아 있는 우리 모습이 한심했다. 그러나 2000년 새 아침에 어디에 있었는지 그 장소가 무슨 의미가 있겠니.

'그것은 아무것도 아니야. 어디에서 시작하는가보다 무슨 생각으로 시작하는가가 중요하다.'라고 나 자신을 타일렀다.

"2000년 새해를 병원에서 시작하네."

남편에게 말했더니 그는 전혀 다른 데 신경이 가 있었다.

"병원에서라도 오래 있으면 좋지."

나는 다시 그의 생명에 대한 집념이 얼마나 대단한가를 생각했다.

나는 그렇게 오래 단련을 했는데도 아직은 감성적이다. 그래 2000년을 병원에서 맞는 일이 도무지 무엇이란 말인가.

우리는 그에게 몇 개월밖에 남지 않았다고, 시간이 얼마 없다고 말해야 하는 문제로 오래 생각했다. 그러나 워낙 죽는 일에 두려움을 갖고 있고 자신이 살 수 있다는 확신이 두터워 말을 꺼내지 못했다. 병원에서도 알리는 것이 좋다고 했는데도 말이다.

그의 그런 확신은 나쁘지 않았다. 5개월이 한도였는데 그는 5개월을 더 살고 2000년 10월 21일 토요일 6시 50분에 눈을 감았다.

집으로 돌아와 몇 달을 창으로 들어오는 햇빛도 사랑했다. 뭐 좋을 것도 없는 인생이었다. 그런데 그렇게 삶에 대한 애착이 보기에도 안쓰러울 지경이었다.

그는 죽는 순간까지 자신의 죽음을 믿지 않았다. 삶에 대한 애착을 두 손에 거머쥐고 놓지 못했던 것이다. 가족들을 두고 어떻게 죽을 수가 있었겠니.

"나 저 아이들 두고 어떻게 죽어!"

"너를 두고 어떻게 죽지."

"……."

나는 아무 말도 할 수가 없었다.

딸들을, 손자들을 보고 나를 보면서 그 남자는 그런 말을 했다. 죽음 바로 전날이었다. 그래서일까. 그는 죽는 순간에도 저항하고 있었다. 모든 가족이 지켜 선 그 긴장의 순간이 아주 괴롭고 고통스럽게 흐르고 있었다.

죽음이 쉽지 않다는 것을 나는 보았다. 숨넘어가는 일이, 숨이 딱 멎는 일이 얼마나 어려운 것인가를 나는 그때 보았다.

내가 말했지.

"우리 다음에 다 만나요. 우리 다 함께 만날 거예요."

그 말이 떨어지자 그는 순하게 눈을 감았다. 다시 만난다는 그 말에 그가 죽음을 받아들였다고 나는 생각한다. 다시 만나지 않으면 결코 죽지 않겠다는 듯이 죽음을 저항하다가 다시 만난다는 약속을 받고 그는 내 가슴에 안겨서 그 전쟁 같은 인생의 마지막 순간을 맞이했던 것이다.

아, 그런데 그가 눈을 감자마자 고통스럽고 괴롭던 얼굴은 순간 날아가 버리고 편안하고 아름다운 얼굴로 변해 있었다. 인간에게 몸뚱이는 도대체 뭔지 숨 하나 넘어가니까 그렇게 편안해지는 거야. 그의 얼굴이 편하고 아름다웠다. 그렇게 무서운 얼굴이 마치 천사같이 맑았어. 이 세상이 얼마나 괴로운 것인가를 한 인간의 삶이 얼마나 무거운 것인가를 나는 그때 알았다.

그 남자의 삶은 참으로 억울했다. 그는 꿈을 이루지 못했어. 충분히 그 노력으로 이 세상에서 자신의 힘을 발휘하며 살 수 있는 남자였다. 이 세상을 위해서도 그리고 가난하고 힘없는 사람들을 위해서도 반드시 무엇인가 이루어 놓을 사람이었어.

왜 이 세상은 꿈이 있고 실력이 있는데도 그 꿈을 펼치지 못하는 일이 일어날까. 그는 유능한 학자였고 가난한 사람들 편에서 일한 사람이었다. 요즘 떠들어 대는 노사문제에 가장 앞을 내다본 논문을 써서 경영자들에게 욕을 먹기도 했던 그 사람, 한마디로 불쌍한 지식인이었다.

그에게 심각한 병이 왔다. 그리고 그는 무너졌다. 그리고 그는 모든 꿈을 날려 보냈다.

그는 난처한 삶을 살아 냈다. 많은 사람을 구하기보다 많은 사람들을 힘들게 하면서 그는 세상을 하직했다. 그의 불쌍한 생을 생각하면 너무 억울하고 가엾지만 어쩌겠니. 아마도 그것이 그 남자의 복의 한계였으니까.

잠시 한순간이었지만 그의 얼굴은 마치 분홍빛이라도 돌듯 밝고 깨끗했다. 평소의 노기 띤 모습은 찾아볼 수 없었다. 그런 아름다운 얼굴을 처음 보는 것 같았다. 처음 사랑했던 그 애잔하고 맑았던 한 남자를 나는 그의 죽음에서 보았다.

우리 두 사람 외에는 모두 범죄라고 아우성을 칠 때 그 위태롭고 영롱했던 눈 마주침의 운명에서 우리는 이미 벗어날 수 없었음을 알았다. 그런 순간에 낙뢰처럼 스쳐 가던 우리의 사랑. 그 순간에 그는 참 빛났다.

그 순열한 빛을 그의 죽음에서 나는 다시 만났다. 그는 그 얼굴을 마지막으로 나에게서 떠나갔다. 그렇게 놓고 싶지 않았던 가족, 우리 아이들을 두고 결코 눈감을 수 없는 죽음 쪽으로 그는 가고 있었다. 그리고 평화로웠다. 이 세상을 놓으니 저리도 좋은데…… 하고 생각하면서 나는 오열, 오열, 오열했다. 그 거칠고 우악스럽던 우리의 결혼 생활이 막을 내린 것이다.

그는 갔고 나는 혼자 남았다. 그가 가고 나서 그가 내 생활의 중심이었다는 것을 알았다. 중심을 잃은 여자는 몹시 뒤뚱거렸다. 그러나 내가 지금 흔들린다는 말을 할 수가 없었다.

혼자가 되자 나는 외출할 때 부끄러움을 느꼈다. 남편 없는 여자의 또 다른 현실이 나를 기다리고 있었던 거야. 그러나 나는 나의 길을 갔고 남은 아이들과 그의 방식대로 열심히 의지를 가지고 살아가는 것이다. 혼자 사는 여자는 고집과 의지가 남편이다. 그것을 잃어버리면 불쌍하고 초라해지는 것을 나는 알았다.

드디어 내 생은 이모작의 두 번째 생을 살고 있다. 첫 번째 농사는 괴롭고 아팠다. 그러나 내 아이들을 생각하면 수확은 좋았다. 지금은 그의 삶이 베인 밭에 모조리 풀들을 제거하고 새로운 농사를 시작하지만 늘 새 농사의 거름은 지금껏 살아온 그 남자와의 관계에서 벗어나지 못한다.

새로운 삶을 살아 보려고 노력해 보기도 했다. 그러나 부부라는 이름의 사랑 티켓은 나에게 돌아오지 않았다.

이대로 홀로 살아가는 일이야말로 나의 영원한 사랑인가 보다. 그 삶이 아주 나쁘지는 않다. 그러나 그것이 얼마나 심심한 일이라는 것을 너는 모를 거야. 싸우더라도 동행이 있다는 것은 매우 인간적인 일이다.

희수야, 너는 언젠가 물었다. 그 남자를 사랑했느냐고. 제발 그와의 사랑에 대해선 묻지 마라. 그러나 나는 한 가지는 말할 수 있다. 내 생애에 그나마 나를 사랑했던 남자는 내 아이들의 아빠, 그 남자일 것이다.

너는 다시 물었다.

"다른 남자를 사랑해 보기는 했어요?"

희수야, 제발 그것도 묻지 마라. 나에겐 너무 아픈 질문이다. 내 생의 모든 시간, 내 몸의 모든 시간엔 늘 아픈 애련의 노을이 날 휘감고 있었다. 그러나 나는 또한 얼마나 행복한 여자인가.

주님, 지금까지의 내 생의 빛과 그늘에 모두 감사합니다.

푸른 하늘 위로

흰 나비가 날아오른다

생전에 단 한 번도 날아오르지 못한

그 남자가

그의 삶이 뼈까지 으깨어져서야

드디어

광막한 하늘 위로

수천의 나비 떼로

날아오른다

봐요
당신도 이렇게 날아오르는 때가 오네요
하늘 위에서 내려다보니 어때요
당신이 있던
그 어둡고 춥던 땅
조금은 따뜻하게 보이나요

나비 한 마리 날아오른다
훨훨훨 거칠 것 없는 탁 트인 하늘을
주머니 없는 천사 옷 입고
유유히 날아오른다

여보! 비가 와요

　희수야. 나는 늘 말해 왔었다. 그는 도대체 나에게 주는 것이 없었다고 말이야. 시쳇말로 돈을 주니, 살림을 도와주니, 문화적인 센스가 있니, 그리고 뭐 남자로서 나를 기쁘게 해 주는 일이 제대로 있니. 그래서 나는 늘 툴툴거렸어. 도무지저 인간은 내게 해 주는 것이 없다고 나는 징징거리고 그를 미워했다.

　주는 것이 없기만 하면 좋지. 그는 언제나 나를 못살게 굴고 나에게 요구가 너무 많았거든.

　아아, 그 진절머리 나는 갖가지 요구들 때문에 나는 콱 미쳐 버리고 싶을 때도 많았단다. 아무것도 안 주는 남자. 나는 그를 징그럽게도 미워하면서 일방적으로 나만 그를 위해 희생

한다고 큰소리를 치고 잘난 척하고 식구들이 모여도 그 사실을 알리기 위해 안간힘을 썼다.

생각하면 내가 얼마나 저질이었는지, 해 주는 것을 소리 못 내어 안간힘을 쓴 내 저질스러운 응어리를 사실 이해할 수 있는 일이지만 나는 반성한다.

나는 너무 외로웠고 화가 나 있었고 적의에 차 있었고 때로는 내 몸이 푸른 면도날이 되어 나의 살을 베었으니까.

피를 흘렸다. 물론 아무도 몰랐다. 내가 울고 내가 미치고 내가 죽어도 이 세상 누구도 몰랐다. 그렇게 나는 홀로 삭아가고 있었다. 아마도 그래서 그에 대한 미움과 불만이 컸다고 볼 수 있다. 아무것도 해 주는 것이 없는 그 남자를…….

그러나 희수야. 나는 지금 알고 말았다. 그 남자가 아주 중요한 것을 내게 주었다는 사실을.

아침에 창을 열며 나는 말했다.

"여보, 비 오네."

"또 비가 오네. 장만가 봐."

그렇게 우리는 대화를 나누었다. 이 짧은 것도 대화냐고? 그래, 그것이 대화야. 대화의 기술에서는 초보적인 1단계의 대화이지만 생활 속에선 아주 중요한 부분이란다.

"여보, 오늘은 아주 춥대. 내의를 두꺼운 걸로 입어야겠어."

"전에 샀던 양털 내의를 줘."

이런 대화를 분명 했는데도 나는 늘 굶주렸던 거야.

희수야, 그런데 나는 그이가 나의 가장 가까운 대화자였다는 것을 지금에야 알게 된다.

나는 지금 늘 혼잣말로 비가 오네, 눈이 오네, 바람이 부네, 그렇게 생각만 해. 말이 하고 싶어 입이 근질근질해. 그에게 여보! 비가 와, 그렇게 말하고 싶어.

남편이란 게 얼마나 좋은지도 알겠어. 언젠가 생일에 꽃을 사 주었는데 내가 그랬지. 앞으로는 돈으로 달라고……. 시인이란 게 썩었다고 펄펄 뛰고 시인도 돈이 필요하다고 펄펄 뛰며 싸우면서 우리는 웃고 말았던 적이 있지. 남편이 얼마나 좋은가. 그런 유치한 말도 망설이지 않고 할 수 있는 사이가 아니니. 남편 하나가 없으니까 돈 달라고, 왜 돈을 안 주냐고 대들 사람이 없어. 희수야, 내가 이 세상 누구에게 돈을 달라고, 왜 안 주냐고 대들겠니…….

남편은 옆에 있어 주는 것만으로도 좋은 것임을 나는 너무 늦게 지금에서야 깨닫는다. 옛날에 등 긁어 주는 사람이라는 말이 정말 기막히게 마음에 와 닿는다.

같이 사는 것 그 자체에도 의미와 가치가 있다는 것을 네가 알기엔 아직 너무 젊어. 너는 젊으니까 내 말이 좀 구식으로 들릴지 모른다. 그러나 희수야. 모든 원리는 하나로 통한다. 남편은 중요한 그리고 죽음까지 함께 가는 파트너이다. 그리고 그것이 가장 큰 축복이라고 나는 분명히 말할 수 있다.

천국이란 어떤 것인지 아니? 천국은 있어야 할 사람이 다 있는 곳이라고 했다. 바로 가족을 말하는 것이지. 있어야 할 사람이 그 자리에 있다는 것은 바로 천국이며 축복임을 나는 알았다.

그리고 그는 나에게 이 세상 누구도 해 줄 수 없는 일을 해 주었다. 생각하면 너무나 가슴 아픈 일이지만 그는 나에게 적어도 남자로서 마지막 결단과 선물을 주었던 것이다.

박사 학위를 받고 나는 그 사람이 있는 대학에 이력서를 낸 적이 있었어. 누군가가 말했다. 부부가 어떻게 같이 있겠냐고, 그리고 그것은 나에게 불리한 이유가 될 것이라고 했다. 그 소리를 들은 그는 하룻밤을 잠 못 이루며 고민하고 나서 내게 말했다.

"내가 사표 낼게."

나는 그것은 안 되는 일이라고 말했어. 그래 그것은 안 되는 일이야. 내가 반드시 된다는 보장도 없거니와 그 남자의 정년이 6개월밖에 남지 않았는데 40년 교수 생활의 마지막을 그렇게 불안하게 마감한다는 것은 불행한 일이었다. 나는 강하게 만류했다. 그러나 그는 사표를 냈고 내가 그 학교에 낙방하는 순간에 그의 사표도 처리되었다.

세상에 이런 일이 있을 수가 있겠니. 아니, 나는 세상을 다시 알게 되었다. 세상이란 가끔 끔찍하게도 비정하고 냉혹하다는 것을 새삼 깨닫게 되었지.

내 결혼 생활에서 가장 그에게 면목이 없는 시기였고 고마웠고 그리고 억울했다. 우리 두 사람이 한꺼번에 나가떨어진 거지. 세상에 그런 일이 어떻게 일어날 수 있겠니. 나는 그때 남편과 함께 죽고 싶었다. 이런 놈의 세상이라고 땅을 치면서 이 세상에 딱 정이 떨어졌었거든. 35년이나 근무하던 직장에서 사표 하나에 아무런 이야기도 없이 사표 수리만 통고한다는 것은 이 세상 어느 직장에서도 있을 수 없는 일이라고 나는 입술을 깨물었다. 우리는 너무 약자였거든.

남자들이란 대개 정년에 우울증을 앓는 법인데 몸까지 다쳐 정상이 아닌 그로서 정년을 그렇게 비참하게 맞게 되었으니 우리는 비통하고 또 비통했다.

힘이 없었다고 말하면 오만하고 자신을 모르는 행동일까. 그 남자가 건강했고 아직 여력이 남아 있었다면 그런 일은 일어나지 않았을 거야.

나는 지금도 늘 학교에 절하는 사람이다. 그의 환자 생활을 그나마 학교에서 보낼 수 있었던 것은 학교에 감사한 일이었어. 그러나 마지막엔 너무 심했다. 그건 그렇게 할 수 없는 일이라고 나는 지금도 생각하고 있다.

그의 사표가 처리되고 내가 낙방되었다는 소식을 들은 날 나는 하루 내내 굶고 울었다. 아니 이틀을, 아니 사흘을 굶고 나는 울고 또 울면서 반드시 내가 이 세상에 어떤 영향력 있는 사람이 될 것을 맹세했다.

물론 나는 그렇게 되진 못했다. 그건 나의 헛된 꿈이었지만 그러나 나는 어디에서도 내 자존심을 지킬 수 있다. 나는 나에게 충실했으므로. 그리고 그 남자를 누구 못지않게 떳떳하게 만들고 싶었다. 물론 그것도 그렇게 되지 못했다.

그러나 그는 그 후 누구도 원망하지 않고 마음의 평화를 얻게 되었다. 그것이야말로 그의 자존심이었을 거야.

희수야, 나는 그 생각만 하면 그 남자에게 고맙고 미안하다. 고작 6개월을 일찍 그만두었다고 생각하지 마라. 그것은 어떤 남자에게도 어려운 선택이었다.

그는 나에게 새로운 생의 발판을 놓아 주고 자기를 이어 생활을 더 단단히 책임지라는 의미가 있었을 거야. 우리는 패배했었다. 그때 우리는 희망이 없었다. 그러나 우리는 패배하지 않고 살아올 수 있었다. 왜냐하면 우리는 생을 버리지 않았으니까. 우리의 현실을 다시 꿰매고 깁고 이어서 조각보를 만들며 살아왔으니까. 우리가 부모라는 이름을 가지고 있었다는 것이 살아야 할 가장 큰 힘이었다.

다시 말하지만 그는 가장 가까운 자리에서 나에게 해 준 것이 가장 많은 사람인지 모른다. 그래, 그렇다.

아침에 창을 열었다
여보! 비가 와요
무심히 빗줄기를 보며 던지던
가벼운 말들이 그립다
오늘은 하늘이 너무 고와요
혼잣말 같은 혼잣말이 아닌
그저 그렇고
아무렇지도 않고 예쁠 것도 없는
사소한 일상용어들을 안아 볼에 대고 싶다

너무 거칠었던 격분
너무 뜨거웠던 적의
우리 가슴을 누르던 바위 같은
무겁고 치열한 싸움은
녹아 사라지고

가슴이 울렁거리며
입이 근질근질 하고 싶은 말은
작고 하찮은
날씨 이야기 식탁 위의 이야기
국이 싱거워요?

밥 더 줘요?
뭐 그런 이야기
발끝에서 타고 올라와
가슴 안에서 쾅 하고 울려오는
삶 속의 돌다리 같은 소중한 말
안고 비비고 입술 대고 싶은
시시하고 말도 아닌 그 말들에게
나보다 먼저 아침밥 한 숟가락 떠먹이고 싶다

사진 한 장과 두 권의 책

내 서재에는 그의 사진 한 장과 두 권의 책이 방을 가득 메우고 있다.

박사 학위를 받을 때 꽃다발을 안고 활짝 웃고 있는 그 사진을 보면 그가 언제 24년이나 육체적·정신적 병을 앓았는지 거짓말 같다. 그 웃음이 얼마나 화려하고 따뜻한지 그리고 아름다운지 본인도 이 사진을 좋아해서 죽으면 영정 사진으로 놓으라고 유언을 했다. 살아온 세월이 너무 야속해서 그 웃는 사진으로 우리는 잠시 고통에서 벗어나곤 했던 것이다.

그 사진을 크게 확대해서 나 혼자만 보려고 책 뒤에 숨겨두었다. 그 사진을 액자에 넣어 둔다는 것은 어색하다. 죽은 사람을 뭘 예뻤다고 사진이라도 보자고 걸어 둔다는 것은 아무래도 멋쩍다. 그래도 나는 자식들에게 서운하거나 영 마음이 어두워질 때면 그 사진을 보고 욕을 한번 한다. 그가 없으니 욕도 재미가 없다. 나는 쓸쓸히 그의 건강한 웃음을 보면서 그를 처음 보았을 때의 우울하고 고요했던 젊은 얼굴을 생각해 보기도 한다. 그래도 사진이 있다는 것은 다행한 일이다.

그리고 그의 두 권의 저서는 늘 바라볼 때마다 마음이 찡하다. 『부기학』과 『경영학 원론』은 그의 마른 피까지 짜 내면서 쓴 책이다. 내용이야 모르지만 나는 그 책을 살려 보려고 출판사를 찾아간 적이 있다. 그러나 경영학이나 부기학이 학문적으로 달라지기도 했지만 죽은 사람의 책은 교과서로 잘 안 쓴다는 이야기를 들었다.

누렇게 색이 변한 두 권의 책은 그의 가장 중요한 업적임을 나는 알고 있다. 그가 학자였다는 것을 그 책으로 보여 준다. 그는 앞서 가는 경영학 이론을 갖고 있었다. 노사문제를 20년 앞서 바라보았다고 스스로 만족해하던 얼굴이 떠오른다.

사진 한 장과 두 권의 책. 이것이 그가 남긴 그의 강력한 실체다.

나는 나의 딸들에게 그의 웃는 사진을 한 장씩 유산으로 주었다. 그리고 늘 그의 두 권의 책을 명절날 꺼내어 화제로 삼는다. 학문의 공간에서 거론되지 않지만 내가 살아 있는 한 내 딸들이 그의 손자들이 아버지의 할아버지의 저서를 보고 만지고 화제로 삼아 주기를 바란다.

나는 어린 손자들에게 할아버지에 관한 기억을 묻는다. 환자의 모습만 기억되겠지만 할아버지가 훌륭한 사람이었다고 나는 말해 주고 싶다.

"할아버지 어디 가셨니?"

그렇게 물으면 관우는 하늘에 갔다고 말하고 현준이는 산에 묻는 걸 봤다고 말한다. 다 맞는 말이다.

"할아버지 지금도 아파?"

아이들에겐 할아버지가 아팠던 기억밖에 없다. 그것만 보았으니까. 누워 있거나 지팡이를 짚고 걷거나 약을 먹는 것만 보아 왔으니까.

그것이 무슨 대화이건 할아버지 이야기를 해서 가능한 할아버지를 기억해 주었으면 한다. 하늘에 있는 그가 너무 외롭거나 섭섭하지 않게 말이야.

때로는 그에게 미안할 때가 많다. 손주들이 쑥쑥 자라고 내 딸들이 아름답게 사는 걸 보면 나만 호사를 누리는 것 같아 정말 그에게 미안해.

그 남자 나 질투하고 있을 거야. 그러나 우리 가족들은 지금도 그를 결코 잊지 않고 많이 그리워하고 있다.

나는 다시 아내가 되고 싶다

희수야, 나는 가끔 다시 아내가 되고 싶다. 아주 가……끔.

몸 빠르게 시장을 봐 와서 갈비를 재고 싶다. 그리고 황태국을 끓이고 싶다.

신명 나게 도마질을 하면서 도마질만큼 수다를 떨면서 여보! 여보! 그렇게 자꾸 남편을 부르며 숟가락으로 국물을 떠 그에게 맛을 보라고 권하고 싶다.

"싱거워?"

"아니, 맛있어."

그렇게 평범한 행복을 나도 좀 가지고 싶다.

식탁에 꽃을 꽂고 돌확에 촛불을 켜고 좀 멋을 내면서 딸들 걱정도 하고 손자들의 장래도 생각하며 남편 옆에서 과일을 깎아 입에 넣어 주고 싶다.

회수야, 그래 이런 생각이 들 때가 있다. 너무 혼자 먹는 밥이 많아. 혼자 먹는 밥은 맛이 없어. 언젠가 나는 가장 해 보고 싶은 것이 혼자 우아하게 밥 먹고 커피 마시는 것이었다. 그 많았던 가족들 사이에서 곤두박질을 치면서 나는 아아, 혼자, 혼자 있고 싶어를 간절히 외치곤 했다.

여왕보다 혼자 우아하게 커피를 마시고 싶었다. 나는 혼자가 되었다. 어느 날 누구나 혼자가 될 수 있다는 것을 나는 몰랐다.

그런데 혼자라는 것은 하루에 몇 시간이면 족한 것이야. 더 필요하면 일주일에 사흘이면 될 수도 있어. 그러나 늘 혼자라는 것, 사람들이 밤에 가족과 같이 차를 마시고 과일을 먹고 세상사 이야기를 하고 저녁 산책을 하는 그 시간에 언제나 혼자 있는다는 것은 슬픈 일이야.

나는 병원에 혼자 가는 일도 죽기보다 싫어. 보호자는요? 하고 묻는 간호사들 앞에서 나는 늘 황망하게 가슴을 쓸어내린다.

그리고 나이 들어 혼자라는 것도 늘 서럽지. 나같이 할 일이 많고 바쁘고 정신없이 뛰는 사람도 늘 마음에 찬바람이 불어. 다시 빈집으로 빈방으로 들어야 하니까 말이야.

그러나 나는 청승스럽지 않게 산다. 딸들과 동대문 시장을 다리 아프게 돌아다니고, 좀 비싸지만 근사한 카페에서 커피를 마시고, 맛있는 집을 누가 알면 서로 예약을 해 놓고 몰려가고, 마치 철없는 엄마와 딸같이 아프다며 누웠다가도 쇼핑 간다면 벌떡 일어서는 일을 하다가 보면 나도 이런 행복한 시간이 있구나 싶어.

그런 행복 속에서도 외로워 정말 진저리가 나는 시간이 있지. 그러나 나는 혼자의 시간을 효율적으로 나누어 잘 참고 잘 견디며 산다. 이런 인내 없이는 하루도 혼자 살 수가 없어.

좋은 친구들이 옆에 있어 감사 기도를 할 때가 많다.

그러나 너도 알지? 때로는 혼자의 시간이 축복처럼 생각될 때도 있다. 그래서 나는 오늘도 힘차게 일어나고 힘차게 오늘을 사는지 모른다. 그런 생각 속에서도 아아 나는 가끔 다시 아내가 되고 싶은 것이다.

인간은 망각의 동물이 맞는 모양이야. 사실 얼마나 지긋지긋한 아내의 자리였나. 그러나 이 세상에 아내의 자리만큼 높은 것도 없다. 아내가 되지 않는 자리는 모두 물거품이야. 흰구름 한 자락보다 못한 것이야. 허망하지. 허망이라는 말, 실제적이 못 되는 거지. 그래, 실제적인 삶이야말로 힘을 받는다.

이것은 하나의 호사스러운 상념에 불과할지 모른다. 그러나 나는 정말 그래. 아내가 되어 자질구레한 일상 속에서 자질구레한 사랑을 나누는 일이야말로 인간적인 것이다.

삶이 뭐 거대 담론이니? 아주 사소하고 작은 일이지만 소중한 것들이지. 누가 아프면 약국에 가서 파스 하나 사 오는 거, 그게 사랑이지. 그게 사는 거야. 넘어지면 팔을 붙들어 일으켜 주는 거, 그게 사랑이며 사는 일이다.

그러나 나는 그런 것을 꿈꾸며 홀로 있는 지금이 좋다.

나는 다시 아내가 되고 싶다
아침에 눈을 떠
그의 잡는 손을 뿌리치며 일어나
무심히 창을 열어젖히며
아무렇지 않은 일상 속에서
여보!
건조한 호칭을 부르고 싶다
사실은
10원짜리 동전보다도 더 싸게 느껴지던
아내의 자리
만 리 밖에서도 찡그려지던
아내의 자리
마음으로 수없이 도끼를 들어 올려
찍었던 진절머리 나는
아내의 자리

어느 때나 벗어던지고 싶은
브래지어 같은 아내의 자리가
오늘 그립다
오늘까지 순전히 처녀로 살아온 느낌의
연푸른 시간의 안개 속으로
언뜻언뜻 비치는 아득한 아내의 이마
끓어오르는 근심 하나하나를
낡고 늘어진 고무줄 팬티처럼 벗어던지고
모든 부부가 간격을 좁히며
안아 들이는 새벽 시간에
나도 한 남자의 가슴으로 무작정 뛰어드는
아내이고 싶다
영혼을 훔쳐도 죄가 안 되는
아내이고 싶다
감동 없는 몸짓 안에서
내키지 않는 미지근한 혀를 주고받으며
누가 먼저 슬그머니 일어나도 자존심이 상하지 않는
그 사람의 아내가 된다면

나는 지금
한 10분쯤 아내가 되고 싶다

결혼하지 마!

.

그가 죽기 이틀 전 그는 정신적으로 조금 안정이 되었다. 간병인은 지금부터 잘 보아야 한다고 옆을 떠나지 말라는 부탁을 했다.

내가 좋아지는 것 같다고 말했더니 경험이 많은 간병인이 지켜보자고 했던 날 저녁이었다.

저녁을 먹고 미지근한 수건으로 몸을 닦아 주고 양치를 해 주고 난 후였다. 그는 늘 옆에 붙어 있는 간병인에게 뭘 사 오라고 심부름을 보내고는 나에게 할 말이 있다고 했다.

"무슨 말?"

나는 퉁명스럽게 말했다. 환자도 나도 지쳐 있을 무렵이었다.

그는 무겁게 눈을 감아 내렸다가 뜨고 또다시 무겁게 눈을 감았다 뜨고 그리고 한참 동안 나를 바라보았다. 그 눈은 너무 흐릿해서 무엇을 바라보는지 불확실했지만 분명히 나를 바라보고 있었다.

그 마른 얼굴이 가진 표정은 진지했다. 그리고 약간의 미소도 담겨 있었어. 아마 자신도 그 말이 염치가 없었던지 멋쩍은 웃음기도 분명 그의 얼굴을 스쳐 지나갔다.

그리고 고요해졌다. 웃음기도 사라졌다. 엄숙하기까지 했다. 크게 숨을 몰아쉬고 다시 눈을 감았다 뜨고 그리고 내가 재촉했다.

"무슨 말이야."

"나 죽거든 결혼하지 마!"

희수야, 나는 놀랐다. 지금 우리의 현실에서 나의 결혼 같은 건 어울리지도 않아. 나는 하도 기막혀서 와르르 깔깔거리며 웃다가 조용해지며 차갑게 말했다.

"미쳤나 봐."

그리고 그는 가만히 누워 있었다. 눈을 감고 있는 듯했다. 지금 생각하면 그는 울고 있었는지 모른다. 나는 그의 말을 단번에 묵살했다.

"잠이나 자!"

방을 나오는 내 등 뒤로 그가 한마디 더 던졌다.

"정말이야."

나는 한동안 한강이 내려다보이는 창가에 맥없이 앉아 있었다. 한강이 보이는 집으로 이사 와서 9년째 살며 그는 이 집을 사랑했는데 지금 내게 특별한 유언을 남기고 있다.

한강은 늘 같았다. 안개 무리가 춤추며 날다가 어느 날 맑게 강의 물결을 보여 주곤 했다. 강변의 집으로 이사 오면서 우리는 뭔가 새로운 생활이 시작되리라고 생각했다. 저녁이면 푸른 어둠이 창을 휘감아 오면서 곧 밤이 오는 것을 알려 주던 집, 나는 그 집에서 새벽 강을 사랑하며 살았다.

새벽 강은 언제나 침묵하고 있었지만 나와 늘 이야기를 주고받곤 했어. 아마 남편보다 새벽강과의 대화가 더 많았을 것이다.

밤에 저 한강을 보며 나는 백 번쯤은 철벅철벅 걸어 들어가 한강에 내 생을, 내 목숨을 던지고 싶었다.

얼마나 죽고 싶어 했는지. 정말이야. 죽지 않고는 못 배기는 남편과의 육체적·정신적 신경전은 나로 하여금 쉽게 생을 포기하게 만들었다.

그렇게 한강이 흐르고 있었다.

"결혼하지 마!"

남편의 목소리가 다시 가슴을 지나간다. 결혼! 미쳤군…….

나는 남편을 욕하며 결혼이라는 당치 않은 단어를 강물 속으로 던져 버렸다.

그는 그것이 사랑이라고 생각했는지 모른다. 내가 결혼하는 것이 아깝기도 했지만 그렇게 말하는 것이 나에 대한 사랑이라고 생각했는지 모른다.

그러나 결혼하라고 유언을 남겼더라면 더 좋았을걸……. 그러면 더 못 할지도 모른다. 물론 나는 지금 결혼이라는 말에 대해 전혀 생각이 없기도 하지만…….

나는 생각한다. 희수야, 결국 남편이 가장 나를 사랑했다는 것을 나는 안다. 이 세상 어떤 누구보다도. 나는 지금 아무런 계획이 없다. 다만 내 남편이 나에게 준 이 세상에서 가장 큰 선물은 딸 셋. 그 아이들에게 좋은 어머니가 되는 일 그리고 좋은 시를 쓰는 시인이 되는 일만큼 지금 중요한 것이 없다.

그리고 그가 하느님 옆에서 평화를 누리기를 기도하는 일이 내가 살아서 해야 하는 임무라고 생각한다.

희수야, 내 생각이 틀렸는지. 너와 다시 이야기하고 싶다.

그가 갔다
도착지에 대해선
구구한 설이 많지만
그와 직접 통화는
아직 없어서
인편에도 택배도

마지막 말 하나를
보낼 수 없다
가출이 아니라고
사망이라고
사람들은 말하지만
저기 저 바로 보이는
하늘 중심
내 자동차로 세 시간이면 족한 곳
무턱대고 시동을 걸어 놓고
하늘길을 바라본다.

스스로 죽음을 준비하다

희수야, 너는 어떻게 생각하니. 사후에 우리의 몸뚱이를 어떻게 처리했으면 좋겠니. 나는 말이야, 이 죄도 많고 한도 많은 몸뚱이를 태워 이 지상에서 깨끗하게 없애는 것이 내 바람이다. 정말이야. 나는 내 궂은 생의 한 올도 남기고 싶지 않다. 하나의 먼지로도 모래로도 남고 싶지 않아.

그렇다. 나는 적어도 사후의 욕심까지 가져 본 적이 없다. 늘 하루가 무겁고 추스르기 힘들어 내가 죽어서 어떻게 된다는 걸 생각하지 못했어.

그러나 확실한 건 한 올 연기로 사라지는 것이었다. 그래서 남편에게 말했다. 우리 화장하자고. 그는 얼마나 화를 내고 소리를 바락 지르며 성질을 내었는지 그 순간 그의 얼굴은 아주

험했다. 그는 그렇게 남고 싶었을까. 아니 그대로 서서히 썩고 싶었을까.

난 그 이후에도 분위기가 잡히면 그 말을 꺼내어 보았지만 조금의 양보도 없었다. 그런 대화를 아예 꺼내지도 못하게 하였다. 그는 무덤을 만들고 앞에 비석을 세우고 나무도 심는 등 사후의 꿈이 있었다. 자신이 없는 세상의 한 모퉁이에 자신의 꿈을 남기고 싶어 했어. 그래 묻어 주마, 나는 생각했었다.

그래, 그래, 내가 잘 묻어 주마. 봉을 크게 해서 근사한 무덤을 만들어 주마.

그런데 죽기 2년 전에 나와 상의도 없이 가묘를 만들었다고 나와 구경을 가자고 했다. 정말 미치겠더라. 죽고 나서 내가 우겨 태우기라도 할까 봐 아예 무덤을 만들어 놓았던 거야. 그걸 가묘라고 하지 않니. 그는 그것을 만들어 놓고 아주 좋아했다. 집까지 만들어 놓았는데 내가 태울 수는 없었으니까. 그는 20년 전 이미 자기 고향에 산을 사 두었거든. 볕바르고 앞이 툭 트인 자리, 거기 어머니 무덤 옆에 그는 자신의 묘를 지어 놓았더라고.

"우리가 들어갈 집이야."

그는 말했다. 합장이라고 하던가. 우리라는 말이 나는 거슬렸지만 아무 말도 하지 않았다. 내 의견은 정확히 달랐지만 그는 아마도 편하게 죽었을지 모른다. 집도 지어 놓고 집안 모든 사람에게 그 가묘를 구경시켜 놓아 내가 태울 수는 없다는 것을 잘 알고 있었으니 어쩌면 안심했을지도 모른다.

그가 그렇게 자신의 마지막을 준비했었다고 보면 그 가묘를 지을 때 그의 마음이 어땠을까 싶다.

나는 무덤 예찬자가 아니다. 그게 다 무어냐. 삶이 하루라도 중요하지 그 같은 무덤이 무슨 의미가 있는지 몰라. 그런 무덤 때문에 우리 딸들이 산소엘 가야 한다고, 너무 오래 안 갔다고 마음을 쓸 그런 일을 왜 만들어. 죽으면 그냥 마음 안에 사는 거지. 마음도 바쁘면 생각나지 않아도 좋고 말이야.

그렇게 편하게 하고 싶다 나는. 나는 모든 걸 넉넉하게 편안하게 그렇게 순하고 싶다. 그는 지금 자신이 지은 집에 들어갔다. 고향을 무척 좋아하는 그가 고향 땅에 누웠으니 좋은 일이다.

몸이 좋지 않아 다리를 절 때도 그는 주말이면 고향을 갔어. 아마도 자신이 영원히 누울 땅에 피가 당겼는지 몰라. 한 다리를 끌며 걸어서 한 달에 운동화 한 켤레를 사 신었다. 그래도 그는 고향 길이 늘 푸근했다.

작은 샘이 솟는 산자락 땅을 사서 나무를 기르기도 했던 그 사람. 나는 절대로 그의 뜻을 어겨 태우고 싶지 않았다. 무덤도 화려하게 해 주고 싶었어.

그가 원한다면 그까짓 죽음 이후에 무엇을 내가 못 해 주겠니. 다만 그의 영혼이 편하고, 오랜 고생 끝에 죽은 그의 영혼이 하느님 옆에서 천사처럼 평화롭게 있을 수만 있다면 내가 무엇을 못 하겠니.

적어도 그는 하느님 옆에서 평화롭게 기쁘게 살 자격이 있다. 그는 살았을 때 적어도 기본적으로 성실했으며 병으로 가족들을 진저리 나게 고생은 시켰지만 통증으로 육신이나 마음이 얼마나 다친 사람이냐. 나는 그가 하늘나라에서 평화롭기를 빈다.

그가 이 땅에서 이루지 못한 것을 하늘에서 이룰 수 있다면 얼마나 좋겠니. 정말 그는 자신의 꿈을 달성해야 하는 사람인데 말이야.

그러나 나는 믿는다. 심마르띠노. 그는 영원한 천사의 삶, 영원한 생명을 선물받았으리라.

내가 수술대 위에 주인공으로 눕다

　희수야, 신이 나에게 잔인하다고 생각한 적은 천 번도 족히 넘을 것이다. 그러나 천만 번쯤 다시 신이 왜 나에게만 잔인한 것인지 생각하는 무서운 현실에 나는 서 있었다.

　2005년 2월, 그가 간 지 5년이 되는 무렵이었다. 나는 지금까지 여러 환자를 그리고 여러 죽음을 보았다. 지독한 악연 같은 썩는 내음이 물씬 풍기는 눈물을 마시며 나는 그 환자들을 지켜보았던 것이다. 마음이 아프다고 생각했지. 저들이 얼마나 절망스러울까, 콱 죽어 버리고 싶을까, 그런 생각도 했다.

　그러나 나는 알았다. 환자를 간호하는 일은 또 하나의 호사라는 것을.

　내가 환자로 그것도 암 환자라는 이름으로 병원 침대에 눕는 것이 어떤 것인지 알겠니? 물론 모른다. 그래 너는 정확하게 몰라.

나는 인간이 얼마나 이기적인 동물인가를 정말 너무도 자세하게 알아 버린 사람이다. 누구보다 환자를 많이 본 나였고 환자에 익숙한 사람이다. 시어머니, 아버지, 어머니, 그리고 남편, 그들의 죽음을 지켜보면서 나의 불행만 생각했었다.

그런데 내가 정작 환자가 되어서 병실에 눕고 말았을 때 그것은 하늘이 무너지는 것임을 나는 알았다. 그 공포, 그 외로움, 그 막막함…….

간호 3단, 아니 5단, 아니 10단을 건너온 나는 내가 환자라는 사실에 숨을 쉴 수가 없었다. 진정한 비극이라는 것을 절감하는 순간이었어.

그렇게 인간은 이기적이라는 사실을 지금 나는 웃으며 말할 수 있을 것 같아.

나는 두 해 전 종합검진을 받았고 오른쪽 유방에 결절이 있다는 결과가 나왔다. 나는 물었지. 결절이 뭐냐고. 의사가 시간 있으면 촬영이나 해 보라고 가볍게 이야기했다. 검사 일자가 두어 달 후로 잡혔다. 기분 좋게 병원을 나왔다.

어느 날 친구들의 모임에서 그 이야기를 했는데 친구들이 한결같이 그러는 거야. 그걸 뭘 미루냐고…….

나는 그래 보자고 동네에서 가까운 대치동의 작은 병원으로 갔다. 금방 촬영이 가능하다고 해서. 그 병원은 2층에 있었다. 마음 가볍게 촬영을 하고 앉아 있었어. 의사가 불렀어. 작은 액자 화면에 뜬 사진을 날더러 보라고 하더군. 지구의 표면이나 달 표면을 찍은 사진 같은 것이 보였다.

"이거 보이시죠? 조직 검사를 해 봐야겠는데요."

그는 심상치 않은 표정으로 가능한 빨리 해 보라는 권유도 아끼지 않았다.

나는 으윽 신음 소리를 삼켰다. 그 순간 얼마나 겁났는지 조직 검사라는 말은 나에게 처형이었다. 조직 검사라는 거 그거 뻔한 것이다. 나는 그 말이 얼마나 무서운 단어인지 안다. 나는 남편 때문에 백 번도 더 조직 검사를 한 느낌이야. 나는 보호자로 결과를 가지고 늘 남편을 속이며 별것 아니라고 한 사람 아니냐.

병원은 2층이었는데 나는 그 한 층의 계단을 내려오는 데 20분쯤 걸렸다. 두 다리가 떨려서 도저히 내려올 수가 없어.

알지, 희수야. 예수님이 십자가에 못 박히고 숨졌을 때 천지가 깜깜했던 그 강철 같은 어둠이 내 앞에 있었다.

아무것도 생각나지 않았어. 그냥 온몸이 벌벌 떨렸다. 내가 한 층의 계단을 내려오는 데 20분쯤 걸린 것은 내 생애에 처음 있는 일이다.

나는 남편이 쓰러졌을 때도 남편이 죽었을 때도 어머니가 아버지가 시어머니가 죽었을 때도 이렇게 절망적이지는 않았다. 인간은 그렇게 이기적인 것이지.

나는 겨우 택시를 타고 집으로 돌아와 전화기 앞에 앉았다. 물론 집은 비어 있었다. 나는 우선 전화기를 들고 어딘가 이 사실을 알려야 한다는 생각은 했다. 그러나 희수야, 내가 어디에 이 사실을 알리겠니. 그렇게 날 못살게 굴던 남편 생각이 간절했다. 내 남편이라면 적어도 놀라며 무슨 대책을 세우지 않겠니?

딸들에게 전화를 걸었지. 말하지 못했다. 말도 안 나올 것 같고 그 아이들이 놀랄 것 같아서……. 우리 딸들도 환자 때문에 징그러운 아이들이다. 아빠가 24년, 할머니가 9년을, 그리고 제 어미가 늘 아프다는 말만 하고 사는 걸 본 내 딸들에게 이 말은 너무 잔인하게 생각되었다.

나는 전화번호 수첩을 들고 살펴보았다. 내가 조직 검사를 해야 한다고 죽을지도 모른다고 말할 수 있는 사람은 이 세상에 단 한 사람도 없었다.

나는 통곡하기 시작했다. 어쩌면 그렇게 살찌고 통통한 울음이 나에게 남았더란 말이야. 나는 내 울음에 놀랐다. 그렇게 울고도 남아 있는 울음이라는 것. 인간의 신체는 놀랍고 놀라운 것이었다. 아, 무서웠어!

하늘이 까맣게 내려앉고 집이 후들후들 떨렸다. 나는 내장이 다 흩어져 모래처럼 서걱거리며 쏟아지는 것을 보았다. 내 인생이 지는지 태양이 지는 것처럼 붉은 핏덩이가 물컹하게 내 앞에 그득했다.

세 시간 후 나는 어느 병원장님에게 전화를 했다. 고향 분이고 초등학교 후배이기도 하고 한국 의술에서 으뜸이라고 말할 수 있는 분이 내 곁에 있다는 안도감을 그때 느꼈다.

나는 그 밤내 사진을 정리했다. 지저분한 속옷들도 버리고 딸들에게 창피한 구석이 없나 밤새 들락거렸다. 아쉽지만 쓸모없는 원고를 지우고 남길 수 있는 원고만 컴퓨터에 남겼다. 그리고 한 장의 편지를 남겼다.

사랑하는 딸들에게

너희들의 엄마로서 부족했던 점을 용서해 다오.
나는 너희들 때문에 행복했다.
하느님을 섬기면서, 서로 사랑하면서, 남의 본보기가 되면서 살기를 이 엄마는 바라며 떠난다.

마치 곧 죽을 것 같은 그런 기분으로 나는 편지를 썼다. 물론 나는 아이들에게 편지를 전하지는 않았다. 병원 가는 일이 그런 기분을 느끼게 했어. 바로 그다음 날 나는 8시에 병원에 도착했고 일사천리로 모든 일은 끝났다.

유방암이었고 절개 수술 날짜도 잡혔다. 드디어 아이들에게 나는 입을 열었다.

"엄마 수술한다."

나는 슬프지 않게 말하려고 노력했다. 오히려 암이라는 진단을 받았을 때는 담담하기까지 했다. 이미 나는 내 인생에 겸손해 있었으므로.

그러나 회수야. 수술 날 나는 아이들 옆에서 웃기도 하고 농담도 했지만, 정작 옷을 벗기고 철 침대에 옮겨 눕히고 흰 천으로 내 몸을 덮고 남자 둘이 침대를 수술실로 주루룩 끌고 가는 그 장면에서 나는 거의 정신적으로 실신하는 것 같았다. 그 처절한 외로움과 절망을 비유할 수 있는 것은 이 세상에 없을 것이야.

나는 오래 불행이라는 말, 고통이라는 말, 죽음이라는 말과 친해서 더는 그것이 충격을 주지 못했다. 그러나 내가 병자일 때는 달랐다. 새 충격이 나에게도 남아 있더라……. 그토록 지겹게 놀라고 절망했는데 그것이 내 인생의 과목이었는데 내가 환자가 되니 새로운 놀라움의 충격이 새잎처럼 푸르게 돋아났다. 아아, 그 시퍼런 충격!

주님, 저를 용서하소서. 나는 단 한마디의 기도를 했다.

수술실 앞에서 나는 딸들의 손을 잡았다. 그냥 마지막 같은 기분도 들고 와장창 내 인생이 깨지는 소리도 들렸다. 그깟 유방 하나 없다고 죽는 것은 아니라는 오기 같은 것도 없었다. 그대로 고요히 죽고 싶기도 했다. 죽어도 좋았다.

우리는 서로 말이 없이 간단히 손잡고 마음의 인사를 했다.

아아, 무서워! 얼마나 무서웠는지. 나는 수술실로 들어서면서 적어도 옆에 남편이 있다면 좀 더 극적인 위로를 받았을 것이라고 다시 생각했다. 가장 많이 슬퍼하고 울지 않았을까. 무뚝뚝한 남자였으나 가장 안타까워했을 거야. 희수야, 나는 그 시간에 그 남자를 생각했다.

수술 후 나는 서른세 번 매일 치료를 받았는데 암 환자가 득실거리는 의자에서 "신달자 님, 들어오세요."라는 말을 들으면 옷을 담은 검은 보퉁이를 들고 이상한 옷을 하나 걸치고는 세상에서 가장 기죽은 모습으로 들어갔다. 그 서른세 번의 치료에서도 나는 적어도 백 번은 죽었다. 아니 천 번도 더 죽었다. 몸보다 정신이 더 아팠고 지쳤고 세상이 싫고 그리고 지독스럽게 외로웠다.

아, 그래 난 외로웠다. 몸이 아픈 사람이 그렇게 외로울 수 있다는 것을 내가 알았다면 내 남편이 반길 일이라고 나는 반성했다. 그의 끔찍한 외로움을 겨우 겨자씨만큼 알았다고나 할까. 그 긴긴 환자를 나는 죽도록 지겨워했으니까 말이야. 나는 그의 외로움을 이해했다. 나는 별일을 다 했다. 그리고 조금씩 진정한 인간 쪽으로 다가갔는지 모른다.

인간은 인내의 터를 넓히는 사람이 결국은 이기는 법이다. 참지 못하면 궁궐도 무너지게 하는 법이지. 하느님이 보시기에 지나치게 철이 없고 막막한 한 여자를 숯불 구이 하듯 달달 볶고 인생을 쥐어짜고 그리고 그걸 다 견디니까 내게 복을 주시는 게 아닌가, 나는 생각한다.

병원에서 가끔 아는 사람을 만날 때가 있었다. 나는 너무 당황해서 그들이 묻지도 않는데 친척이 입원해서 병문안을 왔다고 서툴게 둘러대기도 했다. 누구라도 만날 수 있는 곳이 병원이다. 그러나 암 센터 안에 서서 입원한 친척을 면회 온 것처럼 구는 어설픈 행동은 지금 생각해도 웃음이 나온다. 언젠가 그 남자가 병원 생활을 할 때 그를 부축하거나 휠체어를 밀고 가다가 복도에서 아는 사람을 만나면 도저히 빠져나갈 수 없었지만 그 남자의 팔을 놓으며 이 남자와 무관한 사람이 되고 싶을 때가 있었다. 나 이 남자 모르는 사람이에요, 그렇게 내 얼굴에 씌어 있었어. 그래 그것이 이번엔 나라고? 희수야. 아무래도 하느님은 좀 심하셨다.

그러나 나는 이번 상처도 어머니라는 이름으로 극복했는지 모른다. 나는 어머니라면 늘 성모님과 연관을 시키는 버릇이 있다.

천문학자의 주장에 의하면 모든 은하계에는 은하군, 은하단, 초은하단이 있는데 1초에 100개씩 별을 셀 수 있는 컴퓨터로 24시간 쉬지 않고 세어도 약 2조 년이 걸린다는 기막힌 이야기를 읽은 적이 있어.

이런 많은 별들이 한 치의 오차도 없이 정교히 돌아가는 데는 모성이 밑바탕이 되어 있다는 말은 충격이었다. 어머니의 훌륭한 힘이 우주를 움직인다고 본 것이다. 그 위대한 힘은 인류의 어머니인 성모님이 가장 잘 드러냈다고 나는 생각한다. 가슴에 고통을 겪으면서도 언제나 "네."라고 대답하신 성모님을 어떻게 따라갈 수는 없지만 모든 말씀에 나는 네 네 하고 따라가 보고 싶다.

그렇다. 수술실로 들어가면서, 형광등이 푸르게 번뜩이는 그 무섭고 떨리는 수술대 위에 누우면서 나는 "네." 하고 눈을 감았다. 내 어머니를 생각했고 그리고 나의 딸들을 생각했기 때문이다.

희수야! 나 결혼했었니?

나는 지금 지난 세월이 아주 희미하다. 내가 결혼을 했었는지, 내가 그 남자 때문에 피를 토하며 죽는 고비를 넘겼는지, 내가 암 수술을 받은 환자인지 나는 아무것도 생각나지 않는다.

1977년 5월 11일 그가 쓰러진 것도, 정신병원을 기어오르던 일도, 그가 쥐약을 먹고 널브러져 있었던 일도, 작은집 가듯 자주 정신병원에 입원한 것도, 내 팔이 부러지고 눈알이 터졌던 일도, 온몸이 멍으로 푸른 바다를 짊어지고 다닌 것도, 하늘과 땅이 딱 들러붙는 생의 이상 현상도, 그리고 그 남자의 사표가 수리되고 우리의 하늘이 엎질러진 일도, 그가 2000년 10월 21일 6시 50분 숨을 거둔 일도 생각나지 않아.

그의 24년이라는 환자 생활 속에서 내가 열두 번도 더 곤두박질하며 죽음 연습을 했던 것도 나는 생각나지 않아.

시어머니가 9년이나 환자로 누워 있었던 사실도 기억나지 않아. 다 모르는 일이야. 나는 모든 걸 잊어버렸어. 때때로 내가 결혼은 했던가 하고 생각할 때도 있어.

살아가면 기억은 희미해지는 것인가 봐. 결혼도 아니고 내 딸들은 어느 날 하느님이 택배로 보내온 게 아닌가 생각된다니까.

나는 다 잊어버렸다. 아니, 희미해졌어. 이런 거 보면 무슨 일이든 고통스러워도 최선을 다하는 것이 얼마나 중요한가 생각해. 그래, 나는 최선을 다했다.

하느님이 나의 게으른 습관을 잘 아셔서 나를 부지런하게 하기 위해 무거운 일거리를 주신 것인지 몰라. 하느님도 좀 심하셨지만 말이야.

그래서 나는 열심히 살았고, 열정을 잃지 않았고, 무너진 산에 깔려 있으면서도 사랑을 믿었고, 내일을 믿었다. 하느님을 알게 되었으며 축복을 받았고, 딸들을 얻었으며 무엇이 가족 사랑인지 알았고, 국가나 세계가 강해져야만 하는 것처럼 어머니는 강해야 한다는 것을 알았다. 내게 영원히 싸우고 사랑할 것은 삶이라는 것을 알았고 그리고 아름다운 일상생활이 중요하다는 것을, 삶을 꼼꼼하게 살아야겠다는 것을 알았고, 주변과 다사로운 풍요한 삶이 중요하다는 것을 알았고, 남들과 함께 살아야 한다는 것을 알았다. 그가 재직했던 학교에 감사하고, 그의 친구들에게 감사하고, 그리고 나의 직장에 감사하고, 그리고 오래 내 괴로운 인생을 다독거려 준 내 친구들에게 정말 감사하다.

그리고 나의 독자들에게 진심으로 고맙다. '고마'라는 말은 우리나라 옛말로 땅의 신이라고 한다. 그래, 나를 일으키는 데 큰 힘이 되어 준 나의 독자들은 나의 땅이며 신이었을 것이다. 그래, 감사해. 나는 그들에게 큰절을 보낸다. 나는 이제 언제나 감사하며 살려고 해. 생각해 보면 감사한 것이 너무 많아, 그치, 희수야.

아파서 눈물 나는 게 아니고 감사해서 눈물 나는 빛나는 시간을 나는 보내고 있다.

살아 있다는 것, 그리고 내 남편이 가장 아끼고 사랑했던 딸들이 열심히 삶을 가꾸는 예쁜 농부로 살아가고 우리는 자주 만나 밥을 먹으며 세상 돌아가는 이야기를 하고 아이들을 보며 즐거워하는 건강한 삶을 살고 있는 것이 나는 지금 행복하다. 내 남편에게는 이것이 가장 아름다운 선물이라고 나는 생각해.

어쩌면 나는 불행하지 않았을 것이다. 이 세상에 절체절명으로 불행한 일은 없다. 사람들은 아직 벗어날 방도가 있는데도 너무 일찍 절망하는지 모른다. 인간은 희망에 속는 일보다 절망에 속는 일이 더 많다.

내가 그랬다. 생각만 해도 머리가 아파 너무 빨리 나는 불행하다고 외쳐 버렸는지 몰라. 그러고는 지쳐 쓰러지고 희망이 없다고 단정했는지 모른다.

나는 지금 행복하다. 어느 현자는 말했다. 모든 것이 고요하고 마음이 편안할 때 그것이 지고의 경지라고. 그래, 나는 지금 물처럼 편안하고 고요하다.

오늘의 이 현실을 모두 하느님과 성모님께 감사드린다. 믿음으로써 나는 내 삶을 고요히 죽음까지 끌고 가고 싶다. 성실한 믿음으로 나를 새롭게 가꾸고 싶다.

그 남자는 나에게 갖가지 원소였는지 모른다. 인간이란 미움도 필요하니까. 섭섭한 것을 견디지 못하니까. 나는 그를 미워하고 섭섭해하면서 나를 숨 쉬게 하고 생명을 유지시켜 주는 원소가 그 남자인지 몰랐다.

그리고 그는 나의 십자가였어. 나는 자꾸 그 십자가를 어깨에서 내려놓으려고 안간힘을 썼지. 십자가는 지고 그냥 묵묵히 가는 것인데 말이야.

나는 지금이야말로 아픈 십자가가 바로 예수님이란 사실을 믿을 수 있을 것 같아. 믿음은 사형수까지도 낙원으로 들게 한다는 말씀을 나는 믿는다.

오늘 네가 정녕 나와 함께 낙원에 들게 될 것이다.

—「누가복음」 23장 43절

신달자

1943년 경남 거창에서 태어났다. 숙명여대 국문과를 졸업하고 동 대학원에서 박사
학위를 받았다. 1964년《여상》에서 여류신인문학상 수상과 함께 등단한 후, 1972년 박
목월 시인의 추천으로《현대문학》에서 재등단했다.『봉헌문자』,『아가』,『아버지의
빛』,『오래 말하는 사이』,『열애』등의 시집이 있으며,『시인의 사랑』,『너는 이 세 가지
를 명심하라』등 다수의 에세이집이 있다. 1989년 대한민국문학상, 2001년 시와시학
상, 2004년 한국시인협회상, 2007년 현대불교문학상, 2008년 영랑시문학상을 수
상했다. 현재 명지전문대 문창과 교수로 재직 중이다.

나는 마흔에 생의 걸음마를 배웠다

1판 1쇄 펴냄 2008년 3월 31일
1판 5쇄 펴냄 2008년 4월 30일

지은이   신달자
발행인   박근섭·박상준
편집인   장은수
펴낸곳   (주)민음사

출판등록   1966. 5. 19. 제16-490호
주소   서울시 강남구 신사동 506번지 강남출판문화센터 5층 (135-887)
대표전화   515-2000 | 팩시밀리   515-2007
홈페이지   www.minumsa.com

값 9,500원

ISBN 978-89-374-8177-2 (03810)